L'INFINI AMOUR

Le code de la propriété intellectuelle n'autorisant, aux termes de l'article L. 122-5, 2° et 3°a, d'une part, que les « copies ou reproductions strictement réservées à l'usage privé du copiste et non destinées à son utilisation collective » et, d'autre part, que les analystes et les courtes citations dans un but d'exemple et d'illustration, « tout représentation ou reproduction intégrale ou partielle faite sans le consentement de l'auteur ou des ayants-droits ou ayants-cause est illicite » (art. L. 122-4). Cette représentation ou reproduction, par quelque procédé que ce soit, constituerait donc une contrefaçon sanctionnée par les articles L . 335-2 et suivants du Code de la propriété intellectuelle.

Dépôt légal deuxième trimestre 2021

ISBN : **979-10-699-6995-7**

Anne-Hélène
Gramignano

L'Infini Amour

AUTOBIOGRAPHIE
D'UNE MEDIUM 2

L'INFINI AMOUR

À la Lumière du Monde,
À mes Parents,
À mes Enfants,
À mon Mari.

L'INFINI AMOUR

Avant-propos

J'accueille ce livre comme un cadeau, comme un Espoir de vie, et je vous le transmets avec beaucoup de joie et de tendresse. *L'Infini Amour* est la suite de *l'Infini Espoir*, et c'est pour cette raison que vous retrouverez de nombreuses références à mon premier ouvrage. Cependant vous pouvez les lire indépendamment l'un de l'autre.

Lors d'une sortie en mer, j'admirais le ciel bleu azur et ses nuages cotonneux. Je me suis sentie faire partie intégrante de ce grand Tout, ma reconnaissance inondait toute mon âme. C'est souvent dans ces moments de plénitude et de grâce qu'un dialogue s'établit entre mes Anges et moi-même :

— Ce que tu fais, ouvre une fenêtre entre la Terre et l'Au-delà.
— Pourtant il existe déjà de nombreuses fenêtres...
— Oui, mais regarde le ciel, il y a du jour entre les nuages, et chacun de ces jours représente une fenêtre. Il revient à chacun des médiums d'ouvrir l'une de ces fenêtres, comme il revient à chacun des humains de les regarder puis de ressentir, ou non, l'envie de passer au travers de l'une d'elles. Sache qu'il existe plusieurs fenêtres pour entrer dans l'Au-delà... À chacun de vous de trouver celle qui vous conviendra le mieux.

L'Infini Amour sera en grande partie une canalisation avec les défunts qui t'accompagneront chaque jour et pour lesquels tu transcriras les messages qui seront tous porteurs d'Amour et d'Espoir. Ne pense pas que nous ne t'accompagnerons pas dans cette écriture ; c'est juste que les défunts seront plus bavards que nous. Ils ont beaucoup de messages à vous délivrer et ils souhaitent, eux aussi, contribuer à la paix sur Terre. Effectivement, tant de Lumière pourrait être créée si les humains passaient moins de temps à pleurer leurs morts qui, de plus, ne le sont pas puisqu'ils continuent leur évolution dans un autre plan.

La Terre est en pleine évolution et elle a besoin d'une unicité pour avancer ; tout le monde doit être solidaire et créer de la Lumière. Le grand bouleversement que la Terre vit actuellement demande beaucoup d'énergie pour reprendre de la puissance. Chaque humain doit ouvrir son cœur à l'immense potentiel de créativité qui s'offre à lui. Nous avons besoin de **travailleurs de Lumière**, c'est pour cela qu'il y a de plus en plus de médiums sur Terre.

— Je reçois votre message avec beaucoup de sérieux et d'Amour et je vous promets de donner le meilleur de moi-même dans cette très belle mission d'écriture.

L'INFINI AMOUR

Introduction

Mes lecteurs ont appris à me connaître en lisant mon premier livre : *L'Infini Espoir*, ou bien sur les réseaux sociaux parce qu'ils y ont trouvé et visionné des vidéos, des interviews me concernant ou après avoir assisté à l'une des conférences que j'ai pu donner à Nouméa mi-2020 avec mon amie Géraldine, infirmière passionnée, spécialisée en soins palliatifs.

Si de nombreuses personnes ont pu se trouver touchées par mon message d'Amour et d'Espoir, d'autres, qui n'ont pas encore cherché à me connaître, se posent en revanche beaucoup de questions. Et lorsqu'il m'arrive de croiser l'une ou l'autre d'entre elles, elle me regarde d'un air sceptique qui reflète souvent nombre de ses préjugés.

— Je ne comprends pas bien qui tu es, tu es clairaudiente ? Tu es clairvoyante ? Tu es médium ? Tu es voyante ? Tu crois en Dieu ? Tu crois en quelle religion ? Tu es catholique ?

Protestante ? Et le bouddhisme, ça te parle ? Il paraît que tu arrives à lire dans les pensées des autres ?

J'ignore d'où vient cette manie que nous avons, nous humains, de ranger les gens dans des cases. Comme j'ai le sentiment de n'appartenir ou de n'entrer dans aucune d'entre elles, j'ai bien du mal à me définir.
Est-ce que vous avez déjà connu ce genre de situation lorsque vous allez dans une pizzeria ?

— Bonjour, je voudrais commander une Margherita, mais sans mozzarella, avec en plus le chèvre de la 4 fromages, le chorizo de la Catalane, mais sans les poivrons et avec un peu de champignons.

Voilà, pour tout vous avouer, j'éprouve souvent le sentiment, que je ressemble à une pizza qui n'existe sur aucune des cartes. Vous me direz… une pizza… c'est toujours mieux qu'une quiche ou qu'une tarte.
Le regard inquisiteur de toutes ces personnes et leurs questionnements me mettent mal à l'aise et je me sens souvent contrainte de me justifier en leur expliquant que je vis une vie tout à fait normale.

J'admire toutes ces personnes qui savent exactement comment se présenter :

— Bonjour, enchantée, Caroline, thérapeute, hypnotiseuse holistique...
— Bonjour, je suis Max, coach intuitif, spirituel, libérateur karmique...
— Bonjour, je suis Isabelle, désenvoûteuse des maladies cosmiques des différents univers... Et toi ?

Pour être sincère, je ne connais absolument pas ces professions, je ne sais pas du tout en quoi elles consistent ni ce qu'elles prétendent apporter. Tous ces termes sont très savants, ils m'effraient un peu.

Moi, j'éprouve simplement le sentiment d'être Anne-Hélène, une jeune femme qui, depuis son enfance, ressent, dans sa vie, la présence de personnes décédées et d'êtres de Lumière.

— Ah t'es médium, alors, c'est ça ?
— Euh peut-être, je ne sais pas trop en fait.
— Ben c'est ça : la médium perçoit les défunts et la voyante prédit l'avenir. Tu ne prédis pas l'avenir ?
— Euh, Non.

— Bon ben, voilà, t'es médium. Waouh ! Mais du coup, tu as accès à toutes les réponses de l'UNIVERS.

— Quand même pas ! Ce n'est pas moi qui choisis les messages que je reçois. Je ne fais que transmettre ceux que l'Au-delà souhaite me faire passer.

Voilà, chers lecteurs, quel est mon engagement auprès de vous : vous transmettre uniquement les messages dont j'ai la chance d'être destinataire et porteuse.

Je vous souhaite de passer un très bon moment avec tous mes gentils Anges du Ciel et de la Terre ainsi qu'avec tous les défunts qui m'accompagnent, mais qui vous accompagnent également sans que vous en ayez peut-être toujours bien conscience.

CHAPITRE I

Qui suis-je ?

1 — Une courte carrière de voyante

Je dois vous avouer que, depuis la maternelle, je connais l'existence de Dieu et du Diable. Ma maman m'avait inscrite avec mes frères, à l'école Saint-Pierre à Dijon. C'était une école privée où, toutes les semaines, nous suivions des cours de catéchisme.

Lors de ces cours, j'avais appris avec effroi que, si on désobéissait à Dieu, il enverrait une tempête de sauterelles ravager toute l'Égypte et qu'on n'aurait plus rien à manger. Mais aussi qu'il avait la capacité de changer les eaux en sang et qu'on mourrait tous de soif.

Le prêtre nous enseignait également l'existence du Diable. Il nous le décrivait comme étant un monstre très méchant. Il nous prévenait que, si nous, les Humains, continuions à pécher, à notre mort nous n'irions pas au paradis dans la maison de Dieu, mais tout droit en enfer dans la maison du Diable. Vu la description de l'enfer qu'il nous en avait faite à cette époque, j'étais terrorisée.

Heureusement, il nous rassura en nous disant qu'il connaissait l'alternative qui allait sauver toute la planète. Suspendus à ses lèvres, nous reprenions peu à peu Espoir.

Cette alternative s'appelait la prière et il en connaissait de nombreuses. Je me suis tout à coup sentie soulagée et, très rapidement, j'ai appris le « Notre Père » et le « Je vous salue, Marie ».

Ces prières m'ont très souvent accompagnée lorsque, petite, je partais au ski avec mes parents. Le ski était mon pire cauchemar. Je me rappelle être allée sur les pistes dès l'âge de six ans, avec des skis immenses, le nez qui coulait et les doigts des mains et des pieds congelés. C'est encore un souvenir douloureux pour moi, car, non seulement je détestais, et déteste toujours, le froid, mais, de plus, la vitesse me terrorisait. Je n'aime aucun sport à sensation.

Le plus mauvais souvenir que j'ai conservé du ski est le tire-fesses. Je devais placer une barre en fer gelée entre mes jambes et l'objectif de cette barre était de me faire atteindre le sommet de la piste où le moniteur nous attendait, mes camarades et moi. À la moindre maladresse, je pouvais tomber en plein milieu du trajet. Alors, même si je tentais désespérément de rester le plus longtemps possible accrochée à cette barre avec mes skis immenses, les bâtons et le nez qui coulait, je finissais presque toujours par terre au milieu du chemin et je n'arrivais plus à bouger. Là commençait la vraie galère, car il fallait arriver à rejoindre la piste pour refaire la queue et me donner ainsi une nouvelle chance d'atteindre le sommet. Le plus traumatisant, c'était lorsque tous les autres skieurs arrivaient à mon niveau et m'ordonnaient, avec le plus grand des mépris, de dégager.

Pour réussir cette périlleuse aventure, je m'étais convaincue que, si je récitais intensément mes prières, la Sainte Vierge et le petit Jésus me récompenseraient en m'empêchant de tomber.

Aujourd'hui, je me rends compte que je n'ai jamais autant récité de chapelets de toute ma vie. Malheureusement, cette technique n'était pas infaillible et, lorsque je tombais, je culpabilisais de ne pas avoir prié comme il le fallait.

Du plus loin que je me souvienne, j'étais en classe de CM1 lorsque je vis pour la première fois un fantôme. Ma maîtresse, Madame Benoit, avait emmené toute la classe en voyage scolaire, visiter les châteaux de la Loire.

Lors de la visite du dernier château, le guide nous expliqua que la châtelaine avait été assassinée par son cousin. Ce dernier l'avait empoisonnée. C'est alors que cette fameuse châtelaine choisit de m'apparaître sous forme d'hologramme pour me dire télépathiquement :

— Pas du tout, c'est mon oncle qui m'a fait empoisonner, il faut que tu rétablisses la vérité.

Mon cœur s'emballa, j'avais envie de prendre la parole et de rétablir cette vérité. Sauf qu'à huit ans, j'étais terrorisée. Je n'ai pas osé dire au guide qu'il se trompait. J'avais honte et j'avais surtout peur de passer pour une menteuse. Alors je suis repartie en conservant ce lourd secret, à jamais gravé dans mon cœur.

Un autre jour, à peu près au même âge, j'étais dans la voiture avec mon grand-père François et ma grand-mère Marcelle qui était médium-voyante. (Même mon arrière-grand-mère Valentine était médium-voyante). Ce jour-là, en revenant d'un déjeuner familial, ma grand-mère a pris ma main et, la regardant attentivement, m'a prédit que je serais la seule de la famille à faire comme elle. Cette prédiction me toucha et je l'ai toujours conservée bien au chaud dans mon cœur.

Et puis les fantômes se sont succédé dans ma vie, ils m'apparaissaient toujours sous forme d'hologrammes ou bien je ressentais leur présence, me sentant soudainement angoissée.

Je me suis mariée jeune, à 20 ans, et à 22 ans je suis arrivée en Nouvelle-Calédonie pour y construire ma vie.

En 2006, six mois après la naissance de mon petit Vincent, son papa m'a quittée pour une jolie Calédonienne.

Cette période a été très difficile pour moi, j'avais perdu tous mes repères, j'étais anéantie. Je me retrouvais seule avec ma fille Laura alors âgée de 3 ans et mon bébé.

J'ai dû aller chercher au plus profond de moi-même une solution pour m'en sortir. Je ne voulais pas tomber dans la dépression comme ma maman l'avait fait, dépression dont nous, ses enfants, avions beaucoup trop souffert.

C'est alors que je me suis rappelée l'alternative que le prêtre de mon école primaire m'avait enseignée. Mais oui, évidemment, la prière allait me sauver ! Je me suis donc remise à prier avec ferveur en commençant par demander pardon pour mon manque d'assiduité et en décidant de me rendre chaque jour à l'Église du Vœu d'où j'ai appelé à l'aide.

Mes Anges ne m'en ont pas voulu de les avoir laissés de côté durant plusieurs années. J'ai eu la chance d'être entendue...

En fait, mes Anges avaient un plan pour moi, que j'ignorais encore.

Tout d'abord, ils savaient que mon équilibre devait passer par une famille ; c'est ainsi que, très vite, j'ai croisé la route de Christophe et de ses trois enfants. Comme j'aime à le dire, je suis remplie de gratitude pour la Nouvelle-Calédonie, pour cette terre qui m'a donné mes enfants et l'un de ses meilleurs fils, Christophe... Je suis devenue la maman d'une famille recomposée de cinq enfants. Puis en 2009, un petit Lancelot est venu compléter notre famille.

Au mois d'août 2006, quand Vincent avait un an, je l'ai mis à la sieste et en ai profité pour m'allonger également. C'est ce jour-là précisément que ma vie a réellement basculé vers ma destinée.

Je venais de fermer les yeux, mais ne dormais pas encore lorsque je reçus la visite d'un Ange. Il était habillé d'une tunique blanche et il flottait au-dessus de mon lit dans l'encadrement de la fenêtre. Sa présence et son message inondèrent mon cœur d'Amour et, par télépathie, il me dit :

— Arrête de ressasser ta séparation, c'est nous qui sommes intervenus pour qu'il te quitte, car nous avons besoin de toi pour que tu aides les autres. Ne t'inquiète pas, tu ne manqueras de rien et nous te donnerons une belle maison. Tu as le choix, sans aucune obligation, d'accepter ou non cette mission, tu pourras nous voir quand tu le voudras.

Il attendit en souriant ma réponse qui ne se fit pas attendre. En toute liberté et en pleine conscience, j'acceptai avec une joie immense cette mission.

Lorsqu'il repartit, mon cœur explosait de joie. J'étais stupéfaite de l'absence de culpabilité que l'Ange m'avait manifestée en me faisant sa proposition. J'ai ressenti une gratitude immense pour la confiance qu'il me portait. Très vite, j'ai recouvré mes esprits et me suis demandée concrètement comment j'allais pouvoir aider les autres. Quelle était donc cette mission qui m'avait été confiée ?

Je suis allée consulter une voyante qu'on m'avait recommandée. Cela fut très simple.

— Effectivement, tu as un don. Écoute bien : si les personnes décédées viennent te voir, c'est que tu peux leur venir en aide. Fais comme ta grand-mère, va acheter un jeu de cartes et lance-toi.

— Je veux bien essayer.

Certaines de mes amies ont bien voulu par la suite me servir de cobayes. C'est ainsi que, peu à peu, j'ai réussi à prendre de l'assurance et décider de me lancer. Pour cela il a fallu que je rassemble tout mon courage. Étant une personne équilibrée, j'ai eu beaucoup de mal au départ à assumer la mission que les Anges m'avaient confiée car il m'était vraiment difficile d'en parler, j'avais peur de passer pour une folle, ou une illuminée…

À cette période, je travaillais comme juriste en droit des sociétés dans un cabinet d'avocats. Mon employeur, Laurent Chassard, bien que très terre à terre, était ouvert d'esprit et curieux. Il adorait m'écouter lui raconter mes histoires de « fantômes ». J'étais devenue sa « sorcière bien-aimée » et, tout en l'effrayant, je l'amusais beaucoup.

Quelle ne fut pas ma surprise lorsqu'il accepta ma demande de passer à mi-temps pour me consacrer tous les après-midi à la mission que mes Anges m'avaient confiée. Je décidai de passer une annonce dans un journal local pour me faire connaitre. Très rapidement, je me rendis compte que ce n'était pas une bonne idée, car, même si je vivais de très beaux moments en relayant les messages des défunts, il fallait bien que je me rende à l'évidence : la plupart des personnes venait me consulter pour des problèmes d'adultères. Ces mêmes personnes faisaient habituellement le tour des voyantes de la place pour s'assurer qu'elles prédisaient toutes la même chose.

J'avais évoqué cette problématique lors d'une interview avec Philippe Ferrer, Youtubeur de la chaine « On ne vous demande pas d'y croire ». Il m'avait, à cette occasion, appris, amusé, que la plupart de ses invités médiums ou voyants vivaient la même chose que moi.

Je me suis ainsi retrouvée dans des situations horribles. La même semaine, je pouvais recevoir le mari qui ne savait qui choisir de sa femme ou de sa maitresse et qui attendait des cartes qu'elles lui apportent la solution. Puis, c'était la maitresse qui venait le lendemain pour savoir si son amant, un homme très malheureux avec sa femme, quitterait enfin cette dernière pour elle. Et le *summum* c'était, lorsqu'en fin de semaine, je recevais la femme qui avait des soupçons sur la fidélité de son mari, le tout, photos à l'appui. Autant vous dire que je n'avais pas besoin de questionner mes cartes pour répondre à la pauvre petite dame que son mari, effectivement, la trompait !

Après des semaines comme celles-là, mon moral était au plus bas, sans, pour en arriver là, avoir dû regarder les informations à la télévision. Je perdais ma joie de vivre et commençais à appréhender chaque nouvelle consultation.

Je fis, un jour, la connaissance de Stéphanie, qui vint me consulter parce qu'elle était tombée amoureuse de son collègue de travail. Il parait que ce genre de choses arrive très souvent... Stéphanie était mariée et maman de deux jeunes enfants. Elle m'expliqua que son mari l'avait déjà trompée une fois, plusieurs années auparavant, mais que, depuis, elle lui avait pardonné.

Stéphanie était très malheureuse, car elle se rendait compte qu'elle n'aimait plus son mari, Richard, mais qu'au contraire ses sentiments pour Dominique étaient réels et profonds. Stéphanie n'avait jamais menti à son mari, aussi, comme elle était entière et honnête, elle avait osé lui faire part du mal qui la rongeait. Richard, bien évidemment, avait très mal réagi et tenté d'exercer sur elle un chantage au suicide.

À son arrivée, Stéphanie était complètement désemparée. Sa raison lui dictait de rester une épouse et une mère parfaites, mais son cœur la faisait souffrir. Elle avait conscience qu'un Amour comme celui qu'elle ressentait pour Dominique ne se présenterait qu'une seule fois dans sa vie.

Stéphanie espérait que les cartes lui livreraient la solution. Je me devais d'être prudente face à ce genre de situation... Surtout que j'avais bien gardé en tête la malheureuse aventure qui était arrivée à ma grand-mère, Marcelle. Une fois, elle avait reçu une dame qui, elle aussi, avait un amant et voulait quitter son mari. Cette dame lui avait fait part de ses sentiments envers son amant et de la vie terrible que son mari lui faisait supporter. Ma grand-mère lui avait effectivement conseillé de quitter son mari et de partir vivre avec son amant. Mais, de retour chez elle, cette dame avait annoncé à son mari qu'elle le quittait sur le conseil de sa voyante. Le mari furieux avait débarqué chez ma grand-mère avec une batte de base-ball et cassé tous les meubles et tous les objets de son cabinet de consultation ! Cette malheureuse aventure avait traumatisé ma grand-mère qui, lors de nos repas familiaux, nous la contait souvent.

Cette histoire m'avait marquée et je ne l'avais jamais oubliée. Sincèrement, je me refusais à devoir me confronter un jour à une telle situation.
Mais, revenons à l'histoire de Stéphanie. En partant de chez moi, elle ne trouva rien de mieux que de parler de moi à son mari qui, du coup, souhaita à son tour venir me consulter.
Je ne parvins pas à refuser et c'est ainsi que je vis arriver chez moi un vrai séducteur au charme indéniable et qui semblait très sûr de lui. Il était convaincu que personne ne pouvait lui résister. Je ressentis que j'avais affaire à un grand manipulateur.

J'eus droit à un grand déballage version « Caliméro ».
— Voilà, il faut que je vous avoue... J'ai trompé plusieurs fois Stéphanie avec des femmes de passage. Mais elle ne le sait pas. Le seul écart qu'elle connaisse est la fois où, n'ayant pas été assez prudent, j'ai oublié d'effacer un message sur mon téléphone portable.

Je restai choquée. En l'écoutant me raconter ses infidélités, je me remémorais tout le chantage affectif qu'il faisait vivre à sa femme et que cette dernière m'avait confié. Il reprit de plus belle :
— Mais à vous, je ne veux rien vous cacher, je veux que vous sachiez la vérité.

À ce moment précis je me demandai pour quelles raisons il tenait à me raconter la vérité. Pensait-il que j'étais dotée de super pouvoirs et que je pouvais lire dans ses pensées ?

Il poursuivit :
— Je l'ai trompée au moins une dizaine de fois, mais ces filles n'ont pas compté, je ne sais même pas pourquoi j'ai fait cela...
Si vous saviez comme je l'aime ! Je ne peux pas vivre sans elle... Elle a confiance en vous... Vous devez m'aider à la dissuader de me quitter...

À ce moment-là, je me retins d'un petit rire nerveux. La bonne blague ! Deux jours plus tard, ce fut autour de la meilleure amie de Stéphanie de venir me voir.

— Bonjour, Anne-Hélène, je m'appelle Virginie, je suis la meilleure amie de Stéphanie que vous avez reçue dernièrement, elle vous apprécie beaucoup. Voilà, je viens vous voir, car j'ai un petit souci : j'entretiens une relation avec son mari... Sauf que le mien vient de l'apprendre et me menace maintenant d'aller tout raconter à Stéphanie. Il faut m'aider... Que va-t-il se passer ?

Je tombais des nues, j'étais abasourdie, je me demandais où j'avais mis les pieds, tous ces mensonges, toutes ces trahisons. Mais alors tout cela existait vraiment dans la vraie vie, pas seulement dans les films ?

Finalement, Stéphanie quitta son mari pour partir avec son amant qui, lui, quitta sa femme pour elle. Le mari de Stéphanie ne se suicida pas et retrouva très rapidement une nouvelle copine. Le mari de la meilleure amie la quitta et rencontra très vite une nouvelle conquête. Par contre, la meilleure amie mit beaucoup de temps à se reconstruire.

La semaine suivante, lors d'une autre consultation, je reçus un jeune homme de 25-26 ans. Il semblait timide et peu à l'aise, il se présenta un peu négligé, il semblait très gentil.

— Bonjour, je vous ai vue dans le journal et je voulais savoir si vous travailliez sur le retour de l'être aimé ?

— Pardon ? Le quoi ?

— Le retour de l'être aimé, vous savez, vous faites des grigris ou des prières pour que la personne qu'on aime revienne ?

— Euh… Ah non, désolée, je n'adhère pas à ce genre de pratique. Vous savez, ce sont des méthodes dangereuses, de la manipulation, cela ne m'intéresse pas, mais je suis à votre écoute, racontez-moi vos malheurs…

— Je suis très amoureux de ma femme, si vous saviez comme elle est belle ! Tenez, voici sa photo ; c'est nous deux, l'année dernière quand on s'est mariés en Indonésie.

— Ah oui, elle est très jolie, votre femme.

Ses yeux se remplirent de larmes, il poursuivit :

— Elle m'a quitté la semaine dernière, elle a dit que je n'avais pas assez d'ambition. Je suis tellement malheureux, je veux qu'elle revienne, dites-moi qu'elle va revenir ?

Sa détresse me touchait profondément, je souhaitais vraiment lui apporter du réconfort.

— Je peux regarder dans mes cartes, mais je ne vous promets rien, allez-y mélangez bien les cartes et tirez-en trois puis placez-les devant vous. Vous avez sorti la carte de la naissance, dans votre cas cela veut dire que votre femme veut un bébé, vous ne vous êtes pas assez engagé dans votre relation et elle vous le reproche.

— Mais oui, c'est vrai ce que vous me dites, elle m'en a déjà parlé. Vous avez raison, je vais aller la voir, je vais lui dire que je suis prêt à lui faire un bébé. Merci beaucoup, vous m'avez beaucoup aidé.

Et il s'en retourna plein d'Espoir.

Le lendemain, je reçus Christine, une dame très élégante, professeure de langues.

— Bonjour, je vous ai vue dans le journal et je viens vous voir parce que ma fille a quitté son mari, un petit jeune sans avenir, qui ne ressemble à rien. Je vous en supplie, j'ai besoin que vous m'assuriez que jamais elle ne se remettra avec lui. Voici leur photo.

Je vous le donne en mille, il s'agissait du jeune homme de la veille.

— Regardez, ce sont eux l'année dernière quand ils se sont mariés en Indonésie.

Je ressentis un profond malaise…

Elle me regarda droit dans les yeux et me dit gravement :

— La pire des choses qui pourrait arriver serait qu'il lui fasse un bébé !

Je ne les ai jamais revus. Mais je garde un très mauvais souvenir de ce moment.

Ces expériences m'ont fait beaucoup réfléchir. Toutes ces consultations ne me rendaient pas heureuse. C'était trop difficile à vivre. Cela ne correspondait pas à mes valeurs.

De plus, je me rendais compte de l'influence que ce genre d'activité pouvait exercer sur les gens. Tout cela me fit de plus en plus peur d'autant plus que quelques autres petites anecdotes vinrent empirer mon mal-être :

Par exemple, un soir, alors qu'il était 20 h 30 et que j'essayais désespérément d'endormir mes six enfants, ce qui était très difficile vu leur excitation, mon téléphone n'arrêtait pas de sonner. Devant tant d'insistance, j'eus peur que ce soit grave et je décrochai :

— Allo, Anne-Hélène ?

— Oui

— C'est Chantal, mon mari est sur la route et ça fait une demi-heure que j'essaie de le joindre, il ne répond pas. J'ai tellement peur qu'il lui soit arrivé quelque chose. Tu peux te connecter à lui et me dire où il est ?

Je restai sans voix, je me suis demandée comment des personnes pouvaient imaginer que je puisse avoir de tels pouvoirs surhumains. J'ai donc raccroché après lui avoir expliqué que, malheureusement son problème ne relevait pas de ma compétence.

Une heure plus tard, Chantal me renvoyait un SMS pour me prévenir que son mari était bien rentré. Son téléphone était sur vibreur et il avait glissé sous le siège passager.

J'ai également reçu d'autres appels de personnes qui souhaitaient connaître les numéros du loto.

Une autre fois, une dame m'appela, contrariée :
— Bonjour Anne-Hélène, c'est Brigitte, je suis chez mon concessionnaire de voitures. Je vous appelle parce que j'hésite entre deux voitures. Celle que je préfère est rouge, il n'y a pas d'autre couleur, mais, il y a deux jours, j'ai rêvé que j'avais un grave accident avec une voiture rouge. Laquelle est-ce que j'achète ?

Tous ces exemples ne reflètent quand même pas l'ensemble de mes consultations. Heureusement, il m'arrivait de rencontrer de jolies personnes et de vivre de belles histoires, comme celle de Charlotte qui me passa un coup de fil un mardi après-midi.

— Bonjour, Anne-Hélène, je vous appelle de la part de Sébastien, j'ai besoin de vous voir en urgence.

— D'accord, pouvez-vous venir demain après-midi ?

— Non, demain ce sera trop tard, j'ai besoin de vous voir ce soir.

— Ah bon ? Ce soir ? C'est que je dois m'occuper de mes enfants, ils sont petits, et mon mari rentre vers 23 h de son travail.

— Je vous en supplie c'est vraiment très important.

— Bon, très bien, je vous attends dans une heure, je vais m'arranger avec ma fille ainée, Clémentine, pour qu'elle garde ses frères et sœurs.

Peu de temps après, je vis arriver Charlotte, une jolie brune aux beaux yeux bleus d'une trentaine d'années. Je me demandai ce qu'elle avait de si important à me dire.

— Voilà, je viens vous voir parce que je suis enceinte...

— Bravo, félicitations...

— En fait, je suis hôtesse de l'air, je suis enceinte, mon copain vient de me quitter comme ça du jour au lendemain. Et je ne peux plus garder mon bébé. J'ai rendez-vous demain pour me faire avorter, c'est le dernier jour légal. Mais j'hésite : est-ce que je dois le garder ? Ou dois-je avorter ?

— Ah oui quand même !!

Même si je comprenais qu'elle était complètement perdue j'avais très peur de lui donner un mauvais conseil. Je ne me sentais pas légitime pour prendre la responsabilité de conseiller ou non un avortement. Elle poursuivit son explication :

— Si j'ai accepté de faire un bébé avec mon chéri, c'est parce que nous étions convenus qu'il s'occuperait du bébé quand je serais en vol. S'il n'y a plus de chéri, je n'aurai pas les moyens financiers de payer une nounou pendant mes heures de vol. Il m'arrive de partir quatre jours par semaine. Payer une nounou 24 h/24, quatre jours par semaine, ce n'est pas possible. Donc, demain sera le dernier jour légal d'avortement.

Alors, sans porter aucun jugement de valeur, je me connectai à mes Anges et aux siens. Voici le message que j'ai reçu pour elle :

« Qu'elle lâche prise, qu'elle garde son bébé, une solution s'offrirait à elle le moment venu. »

Je fis au mieux pour lui transmettre ce message et elle repartit sans me dire quelle décision elle prendrait. Je ne reçus ensuite plus aucune nouvelle d'elle.

Mais plusieurs mois plus tard, après avoir déposé mes enfants à l'école, je reçus un appel.

— Bonjour, c'est Charlotte, l'hôtesse de l'air, vous vous souvenez de moi ?

— Oui, bien sûr

— Je vous appelle pour vous dire que j'ai accouché il y a 3 mois d'un petit garçon qui est magnifique et en pleine forme. On s'est remis ensemble avec le papa et tout va bien. Merci pour tout…

Je la remerciai d'avoir pris le temps de m'appeler. En raccrochant, je regardai le ciel, émue et bouleversée et je le bénis de m'avoir choisie comme messagère pour cet enfant et ses parents.

Je reçus également beaucoup de personnes qui selon elles, souffraient d'un boucan. Les boucans sont des sorts très puissants que des guérisseurs jettent sur des gens. Je suis très prudente avec cela, car je sais que cela existe et que c'est très dangereux, mais il faut souvent parvenir à démêler le vrai du faux, car trop de gens accusent les boucans de tous leurs maux, ce qui n'est pas forcément la réalité.

La voiture ne démarre pas ? C'est un boucan. Le lave-vaisselle tombe en panne ? C'est un boucan. Pareil pour la machine à laver qui ne marche plus, ou pour une dispute avec le chéri, ou avec la voisine... Tout est prétexte à boucan.

D'ailleurs, je connaissais une dame qui, dès qu'elle se disputait avec son compagnon, m'appelait au secours, sûre que la voisine ou le collègue de travail avait fait faire un « travail » contre elle. Elle m'appelait n'importe quand, le week-end, le soir. Dès que je voyais son numéro de téléphone s'afficher, j'étais stressée.

Je compris bien vite que, pour beaucoup de personnes, il était bien plus facile d'accuser une tierce personne de leur avoir jeté un mauvais sort plutôt que d'accepter qu'ils étaient responsables et avaient créé eux-mêmes leurs problèmes.

Après toutes ces péripéties je finis par craquer, je ne voulais plus répondre à ce genre de questions, je ne voulais plus tirer les cartes et orienter les gens sur leur avenir. Je pris donc la décision de me retirer du journal. Je transformai mon bureau de consultation en salle de jeux pour mes six enfants, signifiant de cette manière la fin de ma courte carrière de voyante.

2 — Écrire un livre

Suite à ma décision d'arrêter les consultations, j'ai partagé mon temps entre mes enfants et le travail administratif au sein de l'entreprise de mon mari. Je menais une vie tranquille, au cours de laquelle il ne m'arrivait rien d'extraordinaire, mais je me sentais en paix. Cependant, au bout de deux ans de routine, les Anges sont revenus me rendre visite. Sans me ménager ils m'ont dit :

— Arrête de te regarder le nombril, il serait temps que tu reviennes.

J'avoue avoir été piquée au vif par cette remarque, aussi leur ai-je répondu assez froidement que je n'aimais pas tirer les cartes et que je ne voulais plus orienter les gens sur leur avenir, car cela ne me rendait pas heureuse.

— Mais nous ne t'avons jamais demandé de tirer les cartes, pas plus que de prédire l'avenir.

— C'est vrai, or concrètement vous ne m'avez jamais dit exactement ce que je devais faire. Vous savez, mes chers Anges, ce qui me fait vibrer et me rend vraiment heureuse, c'est lorsque je répare les cœurs. Que ce soit ceux de personnes décédées qui n'ont pas pu dire certaines choses importantes avant de partir, ou celui des vivants qui ont des blocages ou qui n'arrivent pas à se remettre du décès d'un proche.

— Recommence…

Ils avaient raison ! Je m'étais enfermée dans une bulle de confort, je ne donnais plus grand-chose aux autres, je profitais d'une vie calme, paisible et facile.

Comme par « hasard » c'est à cette période que j'ai rencontré Benjamin, masseur énergéticien. Benjamin a la capacité de retirer les mauvais sorts (les boucans) dont souffrent les gens et il pratique également l'écriture automatique. Le courant est immédiatement passé entre nous deux. Je lui ai expliqué la mission qui était la mienne et qui consistait à venir en aide aux personnes souffrant du décès d'un proche. À partir de ce moment-là, il sut orienter vers moi des personnes en souffrance, mais bienveillantes.

Puis je fis la connaissance de Ghyslaine, la maman de Benjamin qui, elle aussi, pratique l'écriture automatique et détecte les mauvaises énergies. Avec leur aide à tous deux et leur bienveillance, je repris confiance et, tout doucement, du service. Le bouche-à-oreille se remit à fonctionner ; il n'était plus question de passer une annonce dans un journal. Je me mis donc à recevoir à mon rythme les personnes souffrant du décès d'un proche.

Je fis de très jolies rencontres avec de belles personnes. Je me sentais vivante, j'étais heureuse de faire le bien autour de moi.

Très vite, le 31 décembre 2014 arriva. En fin d'après-midi, ma maison était prête à recevoir mes amis pour fêter le passage à la nouvelle année. Dans mon jardin face à la mer, je fis quelques minutes de méditation avant d'accueillir mes invités. Comme chaque année, j'éprouvais le besoin de faire un point sur l'année écoulée. J'ai toujours ressenti ce besoin de ne me remémorer que les bons moments de l'année passée et, de ce fait, j'étais remplie de gratitude et profondément émue de pouvoir ainsi remercier tous mes gentils Anges du Ciel et de la Terre, l'Univers, ma famille et mes amis de l'Au-delà. J'étais encore dans cet état méditatif quand, tout à coup, je vis apparaître, juste en face de moi, des êtres de Lumière vêtus d'une tunique blanche et qui flottaient dans les airs. Comme en 2006 ils étaient plusieurs, mais seul, l'un d'eux, par télépathie, prit la parole :

— Nous voulons que tu écrives un livre, nous voulons que tu témoignes de ce que tu vis dans ton quotidien avec nous et les personnes décédées. Nous voulons que les gens sachent comment nous intervenons sur Terre. Ton témoignage va rassurer les personnes qui ont peur de la mort ou qui souffrent de la disparition d'un être cher.

— Mais je n'ai jamais écrit de livre et je ne pense pas en avoir la capacité ni la légitimité, ai-je répondu.

— Ne t'inquiète pas, tu vas écrire un livre qui sera très facile à lire parce que nous voulons que tout le monde puisse le comprendre aisément.

— D'accord, admettons que j'écrive ce livre, et après ? Qu'est-ce que je vais en faire une fois écrit ?

— Tu n'auras rien à faire, écris-le et nous nous chargerons du reste.

La vision s'est arrêtée net, elle avait duré moins d'une minute. J'étais à la fois interloquée et transportée de joie et d'allégresse par cette demande. Moi, écrire un livre ! J'étais toute chamboulée, je me sentais investie d'une mission extraordinaire.

Quand mes Anges me parlent, j'ai l'impression que tout est simple, possible et facilement accessible. Il n'existe alors aucune limite, aucune barrière. Au moment des connexions c'est comme si le travail était déjà accompli. Comme si le livre était déjà écrit et imprimé.

Je me suis alors souvenue que j'avais déjà commencé à écrire dans un cahier quelques histoires que j'avais vécues, qui étaient émouvantes et que je trouvais magnifiques. Je les avais écrites en pensant à mes enfants afin qu'ils sachent, quand ils seraient plus grands, ce que leur maman avait vécu lorsqu'elle s'enfermait pendant de longs moments dans son petit bureau avec de parfaits inconnus.

Parfois les messages de mes Anges étaient tellement forts et puissants que je ne me confiais à personne, car ce que je vivais me dépassait et je ne voyais pas comment le raconter, notamment lorsqu'ils m'ont transmis l'usage du rituel de l'œuf de poule permettant d'ôter les blocages et de se réconcilier avec l'Au-delà.

Suite à l'apparition accompagnée du message des Êtres de Lumière, je suis allée voir mon mari afin de lui faire part de ma vision. Christophe a toute confiance en moi, mais parfois, ce que je lui narre est si « étrange » qu'il ne sait trop quoi en penser. Ce qui l'inquiéta, en fait, c'était le peu de temps dont je pourrais disposer pour écrire ce livre, surtout avec nos six enfants (à l'époque, nos enfants les plus jeunes étaient âgés de 5 et 9 ans) et notre activité professionnelle.

Néanmoins, dès le début de l'année 2015, j'ai commencé par retranscrire sur l'ordinateur ce que j'appelais mes plus belles histoires. Dès que j'avais un moment de libre, j'écrivais. Mais, à plusieurs reprises, je me suis laissée happer par mon quotidien et j'ai mis l'écriture de côté. Au fur et à mesure que les mois puis les années s'écoulaient, je n'étais plus certaine de l'importance d'écrire ce livre. Même si plusieurs amies m'encourageaient à continuer, je m'étais mise à douter de ma légitimité et, surtout, de la véracité de cette demande. Après tout, peut-être mon inconscient avait-il inventé cette histoire de livre ?

Cependant, lorsqu'il m'arrivait de vivre un moment fort en émotion avec une personne lors d'une consultation, cela me redonnait l'envie de le raconter, de le partager. Un jour, alors que je m'étais replongée dans l'écriture, mon mari, Christophe me demanda :

— Cela te prend quand même beaucoup de temps d'écrire, tu es certaine que ton livre va trouver des lecteurs, qu'il va intéresser quelqu'un ?

— Je pense que oui, il y a quand même beaucoup de gens qui se posent des questions sur la vie après la mort et puis, au fond de mon cœur, je sais que j'ai réellement reçu cette commande de mes Anges.

Le doute a néanmoins continué de s'immiscer en moi et d'autres moments d'hésitation sont venus s'y rajouter :

— Et si j'écrivais mal, et si mes témoignages n'avaient aucun intérêt, et si moi j'étais la seule à les trouver émouvants parce que je les avais vécus, et si je n'étais pas crue...

Le temps passa, encore et encore. Un jour de janvier 2018, alors que je me trouvais dans mon jardin, une nouvelle vision de mes Anges m'apparut, sans aucun signe annonciateur. De toute façon, ils viennent toujours me parler à des moments où je m'y attends le moins !

— Cela fait un bon moment que nous attendons le livre, il serait temps que tu le termines !

Je ne m'attendais pas du tout à recevoir un tel message, mais il m'a touchée en plein cœur. Je venais de recevoir un rappel à l'ordre. Je n'avais donc pas rêvé, le livre était bien attendu.

— Oh, pardon, je suis désolée, je n'en étais plus certaine, je vais me reprendre, je vous fais la promesse qu'il sera fini avant la fin de l'année.

Instantanément, j'avais retrouvé toute ma motivation et mon assurance. À partir de ce jour, je ne me suis plus arrêtée, j'ai écrit des heures entières, des journées entières. Les jours de la semaine et les week-ends n'existaient plus. Je n'avais qu'une priorité, c'était de rattraper le temps perdu. J'étais portée par mes Anges, les mots venaient tout seuls. Certains jours, je ressentais une connexion plus forte que d'autres. Ce furent mes journées les plus productives. Je ne voyais pas le temps passer, tant j'étais en communion avec eux. Je ressentais tant d'Amour de leur part, tant de bienveillance, j'avais la sensation que l'écriture se faisait avec eux.

Un véritable dialogue s'était instauré entre nous. Ils me dictaient exactement ce que je devais écrire. L'un des moments les plus forts a été lorsqu'ils m'ont dicté toute la partie du Jeu-Vie.[1]

— Tu dois expliquer que vous vivez tous une partie de Jeu-Vie et que vous en avez accepté les règles avant votre incarnation.

— Très bien, j'aime beaucoup cette idée que nous faisons partie d'un jeu. Cela résonne en moi, mais il faudrait que je puisse le nommer... Ce que vous me décrivez ressemble à une partie de Monopoly, mais je ne peux quand même pas l'appeler le « Monopoly de la vie » ?

— Non, tu vas l'appeler le « Jeu-Vie », car en français, vous pouvez aussi l'écrire de cette façon « Je vis ».

J'étais stupéfaite, quel jeu de mots incroyable ! Les larmes me montèrent aux yeux tant j'étais touchée et remplie de gratitude pour ce merveilleux cadeau qu'ils me faisaient. Il était certain que jamais je ne l'aurais trouvé toute

---

[1] L'Infini Espoir

seule... Je n'ai presque plus vu mes amis. Je me suis coupée du monde et j'ai écrit. Mon fils Vincent a mal vécu cette période, il avait le sentiment que je préférais mon livre à lui. J'avais du mal à lui faire comprendre que j'avais reçu une mission importante et qu'il fallait que j'écrive mon témoignage. Il venait souvent dans mon bureau et me répétait :

— Tu sais, maman, je peux mourir et alors tu regretteras toutes les heures passées dans ton bureau au lieu de t'occuper de moi.

Je lui répondais en essayant de prendre de la distance malgré toute la culpabilité qu'il tentait de m'infliger.

— Oui, Vincent, tu as raison, un jour nous allons tous mourir, mais tous les autres jours, nous allons vivre...

Et c'est comme cela que j'ai eu l'idée de lui lire certains passages que j'écrivais. Même si, au départ, il me disait que cela ne l'intéressait pas, je commençais la lecture et, petit à petit, sa colère s'atténuait et il se calmait. Au final, nous avons créé de beaux moments de complicité pendant cette période.

Dès le mois d'octobre 2018, je me suis sentie prête, j'avais le sentiment que ma mission était accomplie. Les Anges m'avaient dicté une très belle conclusion. J'étais en paix.

Le soir du 31 décembre, je me tenais, heureuse, dans mon jardin face à la mer. Je me suis alors connectée à tous mes gentils Anges du Ciel et de la Terre :

— Mission accomplie, j'ai tenu ma promesse, à vous de jouer maintenant.

Comme à chacune de nos fêtes, avec mes amis, nous avons pris l'habitude d'envoyer de la Lumière dans l'Univers. Alors au milieu de la soirée, j'ai pris le micro, et ai annoncé que c'était l'heure de la **ronde de la Lumière**. Si la toute première fois mes amis ont été surpris par cette demande, ils savent désormais en quoi elle consiste. Nous formons un cercle en nous tenant par la main et, pendant quelques minutes, en silence, nous unissons nos pensées d'Amour, de joie, de paix et de reconnaissance que nous offrons à l'Univers. Cela permet de créer de l'énergie positive qui est ainsi récupérée par les Anges afin qu'ils la redistribuent sous forme d'aide aux personnes qui souffrent et qui en ont besoin.

Notre **ronde de la Lumière** de ce 31 décembre-là a été pour moi encore plus intense que les précédentes. Toutes les étoiles brillaient dans le ciel, je les sentais bienveillantes et protectrices.

3 — Merci Johnny

La sortie de mon livre était prévue pour le 1er avril 2019.

Mon manuscrit était terminé et j'étais sereine.

J'avais mis tout mon cœur et toute mon âme dans l'écriture de ce livre. J'avais tout donné en me mettant complètement à nue.

La seule ombre au tableau était le titre que j'allais donner à mon manuscrit. J'avais bien conscience de l'importance de trouver le titre adéquat qui donnerait envie à mes lecteurs de me lire.

Cette recherche devenait obsessionnelle. Au départ, j'avais choisi le titre : « le Jeu-Vie », en référence au chapitre 2. Mais il ne me faisait pas vibrer. Mon papa, qui était présent sur le territoire à ce moment-là, me répétait que, si je gardais ce titre, je ne vendrais pas beaucoup d'exemplaires de mon livre.

Message reçu, ce titre ne lui plaisait pas. J'étais complètement perdue.

Je n'avais aucune idée de celui que je pourrais choisir. Mes amies, qui m'entendaient me lamenter, me conseillaient de faire appel à tous mes gentils Anges du Ciel et de la Terre.

L'une d'elles me répétait :

— Tu es en connexion avec les Anges, demande-leur qu'ils t'indiquent le meilleur titre.

Ce n'était pas aussi simple que cela...

Rien à faire, à chaque fois que je tentais cette question, ces derniers me faisaient comprendre que le choix du titre n'avait aucune importance, seuls les messages contenus dans le livre leur importaient.

Je me sentais seule et dépourvue.

Il ne me restait plus que quelques jours pour trouver le bon titre avant que mon manuscrit ne parte à l'imprimerie. Je décidai donc de m'enfermer un après-midi dans mon bureau en me promettant de n'en sortir qu'après avoir trouvé une idée lumineuse. J'étais concentrée, prête à me laisser guider.

Voici quelques titres qui me vinrent à l'esprit :

-L'Au-delà vous parle.
-La messagère de l'Au-delà.
-Anne Hélène, l'employée des Anges.
-Les Anges, les défunts et nous.
-Notre vie commune avec les Anges et les défunts.

Vers 17 heures, mon mari, Christophe, rentra du travail. J'avais hâte de lui présenter les titres qui m'étaient venus à l'esprit pendant l'après-midi. Il s'assit sur ma table, en face de moi et attendit.

Avec beaucoup de solennité, je lui énumérai la liste que j'avais sous les yeux.

Il me regarda puis se leva et me lâcha d'un ton sec :

— C'est vraiment nul.

Et il rentra dans notre maison, me laissant seule, désemparée et déçue. Mon cerveau était complètement en bouillie et je sentais qu'il fallait que je marque une pause. Un petit tour dans mon jardin me ferait le plus grand bien.

En rangeant quelques fauteuils sur ma terrasse, je me surpris alors à chanter une chanson de Johnny Hallyday.

Elle m'interpella.

— Pourquoi je chante une chanson de Johnny ? C'est bizarre, mais peut-être est-ce un signe ? Et si je l'appelais à la rescousse ? pensais-je.

Je n'avais rien à perdre et j'étais seule, personne autour de moi pour penser que j'étais ridicule.

Je m'assis alors sur l'un de mes fauteuils de jardin, je fermai les yeux et pris trois grandes inspirations.

À haute voix, je répétai la phrase suivante avec le plus de conviction possible :

— J'appelle Johnny Hallyday, j'appelle Johnny Hallyday.

Puis j'ouvris les yeux et, à ma grande surprise, je vis l'hologramme de Johnny devant moi.

Il avait pris l'apparence de ses 60 ans à peu près. En effet, la plupart des personnes décédées se montrent rajeunies quand elles nous apparaissent. Elles semblent prendre l'apparence liée à la période qu'elles ont préféré vivre sur la terre.

J'étais surprise d'avoir été entendue aussi rapidement, mais ne me démontai pas et me lançai aussitôt :

— Oh Johnny ! J'ai besoin de ton aide, voilà j'ai écrit un livre et je ne trouve pas de titre. Et toi, avec toutes les chansons que tu as chantées dans ta vie, tu pourrais peut-être m'aider. De plus, dans mon livre, je te rends hommage, bon c'est vrai, seulement en quelques lignes, mais quand même ! Et ma fille s'appelle Laura...

Il me regarda, amusé, et en une fraction de seconde, avec beaucoup de douceur, il prononça :

— L'Infini Espoir.

Je crus que mon cœur allait s'arrêter de battre. Je demeurai abasourdie.

Je répétai lentement ces mots : « l'Infini Espoir ». Et là, d'un coup tout s'éclaira comme par magie. En une fraction de seconde, Johnny avait tout compris. Je trouvai cela extraordinaire, c'est vrai, en y réfléchissant, mon livre parlait d'Espoir.

À mes yeux, il parlait uniquement des défunts et des Anges, de ce fait j'étais restée focalisée sur le champ lexical de ces deux mots.

Immédiatement, je me dis qu'il fallait que je partage la nouvelle avec mon mari.

J'avais besoin de son aval, j'avais besoin d'être rassurée, d'autant plus que quelques minutes auparavant, il m'avait dit que tous les titres que j'avais trouvés étaient nuls.

J'arrivai tout excitée dans le salon.

— Ça y est, j'ai trouvé mon titre, je suis trop heureuse, c'est Johnny Hallyday qui me l'a donné.

Je me souviendrai toute ma vie de la tête de Christophe qui lisait une BD.

Sans bouger, il leva la tête, abaissa ses lunettes et me répondit d'un ton moqueur :

— Oh là là, c'est quoi encore cette histoire ?

Je ne me démontai pas.
— Je suis très sérieuse.
— Bon, allez, vas-y, je t'écoute qu'est-ce qu'il t'a dit, Johnny ?
— L'Infini Espoir, répliquai-je, triomphante.
Christophe me regarda, surpris. Il marqua un temps d'arrêt et répondit :
— Tu sais quoi ? C'est génial !
— C'est vrai ? Tu le penses sincèrement ?
— Oui, sincèrement, il est super ce titre.

Je me souviens avoir dansé, sauté de joie. J'étais euphorique, j'avais les larmes aux yeux, « mon cœur battait la chamade ». J'étais remplie de gratitude. C'est alors que je me suis rappelée avoir « abandonné » Johnny, tout seul, dans mon jardin.
Je suis donc retournée en courant où je l'avais quitté.
Il m'attendait sans rien dire.
Je l'ai remercié avec une infinie gratitude :
— Merci, merci Johnny pour ce magnifique cadeau, je suis tellement heureuse, c'est magnifique.
— De rien, ma belle, mais je dois y aller.
— Il m'embrassa au niveau de ma pommette droite et repartit sans se retourner.
Quel cadeau extraordinaire il venait de me faire.

J'ai appelé immédiatement l'une de mes amies pour lui raconter la scène surréaliste que je venais de vivre. Pendant deux jours, je n'ai pas dormi, je ressassais en boucle la scène dans ma tête. C'était vraiment un cadeau inestimable pour moi.

Naïvement, j'avais besoin de raconter cette histoire à tout le monde, j'avais envie que les gens sachent que ce n'était pas moi qui avais trouvé le titre de mon livre, mais que c'était Johnny qui me l'avait offert.

Mon amie Isabelle, en qui j'ai confiance, m'a arrêtée nette.

— Tu ne peux pas raconter cette histoire maintenant sinon les gens penseront que tu veux profiter de l'image de Johnny pour vendre tes livres. Attends quelques années et, une fois que ton livre se sera bien vendu, tu pourras raconter l'histoire du titre.

Je me sentis profondément déçue, mais en y réfléchissant, je fus vite convaincue qu'elle avait raison. Alors je me suis tue. Je me suis cependant demandée quelle serait ma réaction si l'un des journalistes qui allaient m'interviewer me posait la question de savoir comment le titre m'était venu.

Mais au cours de toutes les interviews que j'ai faites, jamais aucun journaliste n'a abordé ce sujet. Je me suis promise que, si j'avais le courage d'écrire la suite de *L'Infini Espoir*, je rendrais à César ce qui est à César et je prendrais le risque, que vous me croyiez ou non, de vous dévoiler qui m'avait donné l'inspiration de ce magnifique titre.

Quelques jours après avoir écrit ce texte, je partis en vacances avec ma famille. Pendant la route, Christophe et moi avons l'habitude d'écouter de la musique ; en tant que passagère, c'est à moi que revient la gestion de son iPod. Tout en m'imprégnant des notes et tandis que j'admirais le paysage luxuriant, je réfléchissais aux textes que j'étais en train d'écrire pour mon livre. C'est à ce moment-là que je tombai sur la seule chanson de Johnny qui se trouvait dans l'iPod de Christophe : « Je te promets ». Comme je venais de finir d'écrire l'hommage que je lui rendais, j'eus envie de l'écouter.

L'émotion montait, et je me mis à lui parler comme s'il se trouvait à côté de moi. Je lui expliquai ma joie à écrire notre histoire. C'est alors que je ressentis sa présence. Il me dit :

— Tu te rappelles, le lendemain de mes obsèques, tu es partie faire une randonnée à la rivière avec ta famille. Et pendant que tu marchais, tu chantais : « Je te promets » et tu m'envoyais tout ton Amour et des messages de paix. Tu y mettais toute l'intensité nécessaire pour être certaine que je rejoigne la Lumière. C'est à ce moment-là que je t'ai captée, que j'ai capté ta Lumière. Et c'est ainsi que la connexion s'est faite entre nous deux.

— C'est vrai ? lui répondis-je, étonnée.

Soudain, les larmes me montèrent aux yeux tant je fus surprise qu'il se souvienne de ce moment que, sincèrement, j'avais, de mon côté, complètement occulté, mais tout me revint alors en mémoire instantanément. Effectivement, le dimanche 10 décembre 2017, soit quelques heures après ses obsèques (nous avons entre 9 et 10 heures de décalage horaire avec la métropole), nous étions partis faire une randonnée à Dumbéa au Trou des Nurses. J'avais pu suivre sur les réseaux sociaux toute la cérémonie qui avait été préparée pour lui. Même à 18 000 km de distance, je ressentais toute la ferveur de ces fans. Je me sentais reliée à eux, en communion avec eux. Lors de cette randonnée, j'avais essayé de me connecter à lui pour lui envoyer tout mon Amour et toute ma force. Je restai donc stupéfaite d'apprendre qu'il avait capté ma Lumière.

Il poursuivit :

— C'est grâce à cette connexion que je t'ai entendue quand tu m'as appelé à l'aide pour trouver un titre à ton livre.

Tout prenait sens. Effectivement, une amie m'avait fait, il y a quelque temps, cette réflexion :

— C'est quand même curieux que tu appelles Johnny et qu'il arrive comme ça, instantanément dans ton jardin pour te donner le titre de ton livre. Tu le connais Johnny ? Tu l'as déjà vu ? Il sait que tu existes ?

— Non, effectivement il ne me connaît pas, la seule fois où il aurait pu me croiser, c'était lors de son concert à Nouméa en avril 2016. Quel souvenir ! Je me rappelle avoir fait plus de trois heures de queue en plein soleil pour acheter nos billets. Je ne m'étais pas posée plus de questions que cela. Pour moi, c'était simple, j'avais appelé Johnny à l'aide et il était venu spontanément. À aucun moment, je n'aurais pu imaginer que nous étions déjà connectés.

Un sentiment de joie, de reconnaissance et de gratitude m'envahit.

Depuis cette rencontre dans mon jardin, il m'arrive encore d'appeler Johnny à l'aide quand j'en éprouve le besoin. Par exemple, lors de mon passage dans l'émission de Jessy Deroche « #LeLien ». J'étais pétrifiée, car, non seulement c'était ma première télé, mais surtout c'était mon premier direct. J'avais rencontré Jessy quelques jours avant l'émission. Nous avions eu l'un pour l'autre un coup de foudre amical. En effet, Jessy est très professionnel, rassurant, bienveillant et très protecteur.

Mais ce jour de direct, j'étais dans tous mes états et j'avais très peur.

Il était évident que si Johnny, avec toute son expérience, pouvait être à mes côtés et me transmettre de la force, du courage, cela pourrait beaucoup m'aider. Je m'étais donc connectée à lui, le suppliant de m'accompagner durant cette interview. Le matin même, il me répondit que je pouvais compter sur lui, mais je ressentais qu'il ne comprenait pas pourquoi j'étais aussi angoissée.

Je me souviens l'avoir prévenu que si je ne pouvais pas compter sur lui, j'appellerais une autre star décédée pour me donner de la force et de l'assurance. Il avait souri et m'avait dit qu'il ne fallait pas que je m'inquiète et que je pouvais compter sur lui. Effectivement, l'interview de six minutes se passa très bien. Même si le trac ne me quitta pas, je réussis à rester souriante et à faire passer mon message d'Amour et de paix.

La seule ombre au tableau survint quand Jessy fut convoqué le lendemain matin par sa direction et qu'il reçut une mise à pied pour avoir invité une médium sur le plateau.

Un an après cette interview, je me lançai dans une série de conférences sur le thème de la mort avec mon amie Géraldine, infirmière passionnée par les soins palliatifs. Avant la première conférence, je ne dormis presque pas pendant trois semaines. Toutes les nuits, je me récitais mon histoire. Je me sentais de nouveau angoissée et anxieuse. La veille, je fis une méditation dans mon jardin pour me connecter à l'Au-delà. J'avais besoin de l'aide de mes gentils Anges du Ciel et de la Terre et de toutes les personnes décédées que j'avais pu aider. C'était pour parler d'eux et pour témoigner qu'il y avait bien une vie après la mort que j'avais accepté cette série de conférences. Ils me rassurèrent aussitôt, m'assurant qu'ils seraient auprès de moi lors de cette conférence, mais se placeraient, non pas dans le public comme je l'avais imaginé, mais sur la scène à mes côtés. De les savoir si proches sur la scène me redonna confiance. Toute ma famille décédée me fit savoir qu'elle serait également à mes côtés ainsi que Johnny. Le lendemain soir, lorsque ce fut mon tour de prendre la parole, Johnny me regarda et me dit : « faisons le show ». Je puis vous assurer que je reçus à ce moment-là une force incroyable qui me permit de donner tout mon Amour et toute mon énergie positive à mon public en leur racontant mon histoire. Mes amis, qui étaient venus m'écouter, furent surpris de me voir aussi à l'aise et se demandèrent comment j'avais fait pour les bluffer à ce point. À certains, j'osai par la suite révéler que Johnny avait passé la soirée à mes côtés. Quelle chance incroyable !

4 — Un concert à Sydney

Un samedi soir, alors que nous débarrassions la table, je remarquai Christophe perdu dans ses pensées. Il était plus silencieux qu'à l'accoutumée.

— À quoi penses-tu ?

— Je ne te le dis pas sinon tu vas plus me lâcher.

— Qu'est-ce que ça veut dire, que je ne vais plus te lâcher si tu me parles ?

— Je te connais par cœur, c'est toujours pareil avec toi ! Dès que j'émets une idée, tu la prends toujours pour argent comptant.

— Tu exagères, ce n'est pas vrai. S'il te plaît, dis-moi, tu n'es pas drôle.

Devant mes supplications qui, Christophe le savait bien, ne cesseraient que lorsqu'il aurait parlé, il se lança.

— Bon d'accord. J'ai entendu à la radio qu'il y avait le groupe AC/DC qui passait en concert à

Sydney au mois de novembre, et je pensais que ce serait sympa d'y aller.

— C'est vrai, tu m'emmènerais à Sydney ?

— Je ne sais pas, je réfléchis, de plus, tu n'aimes pas ce groupe de musique donc ça ne sert à rien.

C'était la vérité, je n'étais absolument pas fan du groupe AC/DC. Ce genre de musique me donnait mal à la tête et c'était un supplice pour moi de l'écouter.

Mais, en même temps, je réfléchissais. Qui dit concert à Sydney dit voyage à Sydney et qui dit voyage à Sydney dit voyage en amoureux durant plusieurs jours.

Dans ma tête, les calculs allaient bon train et je pensais que je n'aurais qu'à prendre sur moi durant les deux heures que durerait le concert. Je répondis alors, avec une mauvaise foi non dissimulée :

— Tu te trompes, mon chéri, j'aime beaucoup ce genre de musique. J'adorerais aller à ce concert.

— Ah oui, tu aimes ce genre de musique ? J'aimerais bien savoir depuis combien de temps ?

— Bon, c'est vrai que ce n'est pas mon groupe préféré, mais je peux m'adapter et de plus, en y réfléchissant bien, je ne le connais pas alors, peut-être que je vais aimer ?

Je me projetais déjà dans les rues de Sydney. Je devenais euphorique, je commençais à danser dans la maison. Christophe m'arrêta aussitôt.

— Tu vois, c'est pour ça que je ne voulais pas te le dire, parce que, dès que j'exprime une envie ou une idée, avec toi elle est déjà en train de se réaliser.

Christophe n'avait pas tort, je suis exactement comme ça, emballée par tout, surtout par un voyage.

Revenons au concert d'AC/DC. Une demi-heure plus tard, je me connectais sur le site de Booking pour vérifier la disponibilité des hôtels puis des vols.

A priori, il y avait de la place tant sur les vols et que dans les hôtels. C'était un merveilleux signe. C'était donc décidé, nous serions à Sydney le 4 novembre 2015 pour assister, pour la première fois de ma vie, à un concert de hard rock.

Dès le lundi matin, à la première heure, j'appelai mon agence de voyages préférée et Marion nous organisa cinq jours de rêve à Sydney.

Il ne me restait plus qu'à compter les jours qui nous séparaient de notre départ. Je m'imaginais déjà déambulant en amoureux dans les rues de

Sydney. J'avais tout organisé : ma meilleure amie Sandra s'occuperait de notre petit Lancelot, Laura et Vincent partiraient chez leur papa, et papy Jean resterait pour s'occuper des plus grands.

Le jour J arriva et j'étais impatiente de monter dans l'avion. Nous atterrîmes le lundi matin sous des trombes d'eau. Le concert était prévu le mercredi soir, ce qui laissait un peu de temps à la météo pour s'arranger. Quelle joie pour moi de retrouver la ville de Sydney que j'aime profondément, même sous la pluie. Son opéra, dont l'architecture fait penser à un voilier, rend cette ville unique tout comme la présence de son centre commercial : « Queen Victoria Building », qui est une vraie splendeur. Je suis impressionnée par tous ces bâtiments que nous n'avons pas en Nouvelle-Calédonie.

J'apprécie également le design des boutiques et des restaurants et déguster un plateau de fruits de mer sur Darling Harbour est un vrai régal et un passage obligé lors de chacune de nos visites.

L'Australie est un pays très dépaysant pour les Calédoniens. J'aime l'ambiance qui s'en dégage et je m'y sens en sécurité. Je nageais en plein bonheur. Christophe avait commencé à réviser ses classiques et écoutait des titres d'AC/DC plusieurs fois par jour. Peu à peu, je finis par me rendre compte que j'avais certainement surestimé ma capacité à tenir durant deux heures de concert. Décidément, cette musique m'était vraiment insupportable !

La pluie ne cessait de tomber et, en culpabilisant un peu tout de même, je commençais à espérer intérieurement que le concert serait annulé.

Quand j'avais dit à nos amis que nous partions voir un concert d'AC/DC, ils s'étaient tous moqués de moi. Toi ? Assister à un concert d'AC/DC ? On paierait cher pour voir ça !

Et voilà ! Nous étions mercredi soir et, dans quelques heures, le concert allait commencer. Il continuait à pleuvoir, mais il n'y avait toujours aucune annonce d'une quelconque annulation.

Vers 17 heures, nous quittâmes l'hôtel et prîmes le métro pour nous rendre au stade olympique de Sydney.

Assis dans les gradins, les parapluies ouverts posés sur nos genoux en guise de protection, nous attendîmes le début du concert.

La majorité des spectateurs était des hommes. Ils portaient presque tous un T-shirt AC/DC. La plupart d'entre eux étaient baraqués, tatoués, et portaient les cheveux longs. Ils avaient sur la tête un serre-tête avec des cornes rouges de diable. Étonnamment, ils avaient tous des verres de bière à la main. Eh oui, en Australie, l'alcool est autorisé durant les concerts.

J'avais le sentiment d'être une extraterrestre au milieu de toute cette foule, une complète étrangère.

Le concert démarra enfin et, sur scène, des images représentant les flammes de l'enfer apparurent. Moi qui prône en permanence la Lumière je me sentis soudainement très mal.

Les membres du groupe vomissaient toutes leurs tripes sur la scène. Ils s'époumonaient, hurlaient et gesticulaient dans tous les sens.

J'étais épouvantée et persuadée qu'à ce rythme-là on allait assister en direct à la mort du guitariste d'AC/DC. En effet, j'avais l'impression que les membres du groupe étaient tous âgés de plus de 70 ans. Sans jamais s'arrêter, le guitariste courait de part et d'autre de la scène. Sur les grands écrans, on le voyait transpirer à grosses gouttes. Je redoutais qu'il fasse un arrêt cardiaque devant ses milliers de fans.

Je me sentais si mal pour lui que je décidai de quitter des yeux la scène pour regarder plutôt ce qui se passait autour de moi. Le spectacle était autant sur scène que dans la fosse ou les gradins.

Les gens étaient heureux, il y avait même des petits garçons qui accompagnaient sans doute leur papa ou leur tonton, ils avaient vraiment l'air d'apprécier cette musique.

Je me sentais très seule. Je tournai la tête en direction de Christophe, il était, lui aussi, enthousiaste et battait des mains sans arrêt. J'ignorais qu'il connaissait les paroles des chansons, notamment celles-ci :

Hells Bells (extrait)
(Les Cloches Des Enfers)
I'm rolling thunder, pouring rain.
Je suis le grondement du tonnerre, une pluie torrentielle.
I'm coming on like a hurricane.
J'arrive comme un ouragan.
My lightning's flashing across the sky.
Ma foudre éclaire le ciel
You're only young but you're gonnadie.
Tu es encore jeune, mais tu vas mourir.
I won't take no prisoners won't spare no lives.
Je ne ferai aucun prisonnier et n'épargnerai aucune vie.
Nobody's putting up a fight.
Personne ne veut se battre.
I got my bell, I'm gonna take you to Hell.
Je prépare mes cloches, je vais t'envoyer en Enfer.
I'm gonna get ya, Satan get ya.
Je t'aurai, Satan t'aura.

Highway To Hell (refrain)
La Route Vers L'enfer
I'm on the highway to Hell,
Je suis sur l'autoroute de l'Enfer,
On the highway to Hell,
Sur l'autoroute de l'Enfer,
Highway to Hell,
L'autoroute de l'Enfer,
I'm on the highway to Hell.
Je suis sur l'autoroute de l'Enfer.

Je vivais un profond moment de solitude. Je ne cessais de regarder ma montre. Au bout d'une heure et demie, je n'en pouvais plus. C'est alors que j'appelai à l'aide tous mes gentils Anges du Ciel et de la Terre. Par télépathie je leur fis part de mon incompréhension face à la situation.

— Comment ces gens peuvent-ils aimer une telle musique ?

Avec beaucoup de douceur, ils me répondirent :

— Ne les juge pas, ils trouvent un sens à cette musique.

Je me répétai lentement cette phrase qui venait de me frapper comme un coup au cœur. La honte m'envahissait ; j'avais effectivement porté un jugement sur cette musique et sur tous les gens qui étaient présents et je me rendais compte que je m'étais lourdement trompée. Après tout, je me devais d'accepter la différence. Je venais de comprendre que ce n'est pas parce qu'une musique ne me touchait pas, qu'elle ne devait toucher personne.

En théorie, je sais très bien que les goûts et les couleurs ne se discutent pas. Mais me trouver confrontée concrètement à une telle situation me fit vraiment prendre conscience de mon manque de tolérance et d'ouverture d'esprit.

Sincèrement, jamais je n'aurais imaginé recevoir une telle réponse de la part de mes Anges.

Au fond de moi, j'aurais souhaité qu'ils condamnent ces représentations de flammes de l'Enfer et les cornes du Diable. J'attendais un soutien de leur part. Je ne m'attendais pas à ce qu'ils viennent me remettre en question.

Ils poursuivirent :
— Ce qui compte pour nous, c'est la joie et le bonheur que les gens éprouvent.

Alors, mon regard changea sur tout ce qui m'entourait. Avec beaucoup d'Amour, je me mis à observer les papas baraqués, tatoués, ces gros durs qui m'auraient sans doute fait peur si je les avais croisés dans la rue. Certains de ceux qui étaient dans la fosse portaient leur enfant sur les épaules. Ils échangeaient des regards complices.

Tous les spectateurs vivaient un véritable moment de partage et de fraternité. Ils étaient tous en communion et en harmonie face à la scène. Le groupe AC/DC offrit presque trois heures de concert.

Cette expérience m'a ouvert l'esprit sur la différence. Désormais, je ne porterai plus de jugement sur la qualité d'une musique, car je sais maintenant que, si elle ne résonne pas en moi, elle résonnera dans le cœur d'autres personnes. Et c'est parfait ainsi.

Finalement, aucun des membres du groupe ne mourut sur scène !

Tout en quittant le stade, j'observais les gens autour de moi. Ils dégageaient une très belle Lumière, et, par-dessus tout, des étoiles brillaient dans leurs yeux.

Quelle belle leçon de vie !

5 — Au-delà des préjugés

Une des merveilleuses rencontres que je fis fin 2015 fut celle avec Betty. Je reçus ce jour-là une grande leçon d'humilité. Benjamin, mon ami masseur énergétique lui avait donné mes coordonnées.

Lorsque je la vis arriver, je reconnus immédiatement cette ancienne cliente du cabinet d'avocats dans lequel j'avais travaillé quelques années auparavant. Nous ne nous étions jamais parlé et je vous confesse honteusement que je l'ai jugée sans la connaitre du fait de son apparence exubérante.

Maintenant qu'elle se trouvait en face de moi, je ne pouvais pas reculer et je l'invitai à entrer dans mon bureau.

Betty prit place, et je passai en mode neutre, pour ne pas me laisser influencer par mon ressenti. En effet je me devais de mettre de côté ma casquette d'humaine pour accomplir pleinement la mission que mes chers Anges m'ont confiée.

J'ai fermé les yeux, calé ma respiration et je me suis connectée à l'Au-delà et à mes Anges. En une fraction de seconde ils balayèrent mes préjugés de simple mortelle et me montrèrent instantanément la grandeur d'âme de Betty. C'était extraordinaire à contempler. Du sommet de sa tête partait comme un puits, à l'intérieur duquel une Lumière scintillante s'élevait dans l'Au-delà. J'étais impressionnée d'avoir la chance d'observer cette magie, cette beauté. Les Anges, non rancuniers de mes faiblesses humaines, me donnèrent la capacité d'être connectée à cette dame, à sa profonde humanité, à son Amour et son dévouement sans limites pour les autres. C'est comme si vous aviez accès à un magnifique tableau qui est invisible. Son aura était vraiment exceptionnelle. J'étais émue et remuée par cette vision. Je lui en fis part et je tentai de lui décrire ce qu'il m'était possible de regarder. Elle éclata de rire et me prit pour une personne excentrique. Elle ne m'a pas crue. Cependant mon regard avait changé sur elle et je découvrais qu'en fin de compte je l'avais jugée sur son apparence.

Plusieurs membres de sa famille décédée se manifestèrent et j'ai pu lui délivrer de beaux messages. Puis nous avons pris notre temps pour échanger.

Elle m'expliqua qu'elle était présidente d'une association « Follow My Dream » chargée de récolter des fonds pour un orphelinat au Vietnam. Début janvier 2016, elle prendrait deux mois de congé sans solde pour partir avec sa fille Natacha, âgée d'une vingtaine d'années, pour rendre visite à ses petits orphelins. Ce qui m'a rendue admirative, ce n'est pas que Betty récolte des fonds pour les envoyer dans un orphelinat, c'est qu'elle les apporte en main propre pour s'assurer de leur bonne utilisation. Grâce à ses posts Facebook, nous avons pu suivre quotidiennement les deux mois d'abnégation de Betty et de son

« bébé écureuil » Natacha. Nous les avons vues vivre avec tous ces enfants dans une chaleur humide sans climatisation, leur faisant prendre plusieurs douches par jour tant la chaleur était insupportable. En l'absence de cuisine, elles préparaient les repas des enfants à même le sol avec les moyens du bord. Nous avons vu les enfants se régaler en dégustant leur premier plat de spaghettis bolognaise préparé par Betty. Grâce aux dons de généreux Calédoniens, elle équipa l'orphelinat d'un confort qui n'existait pas avant son arrivée.

Quelle joie pour ces enfants de voir apparaître la marraine de Cendrillon avec sa baguette magique qui leur a offert notamment pour la première fois de leur vie une sortie en bus dans un parc aquatique. Natacha a merveilleusement peint des fresques sur les murs pour égayer l'orphelinat. Toutes les deux ont apporté une parenthèse enchantée à tous ces enfants. J'ai mesuré la facilité que j'avais à faire des dons tout en restant assise sur mon canapé. Ainsi l'admiration que je portais à Betty n'a plus eu de limites. Déjà que j'étais épuisée avec mes six enfants, alors les voir, toutes les deux s'occuper de tous ces orphelins, dont beaucoup souffraient de lourds handicaps, forçait mon respect.

Ses actions humanitaires ne s'arrêtèrent pas au Vietnam et à son retour à Nouméa, elle consacra toute son énergie à créer la « Banque Alimentaire de Nouvelle-Calédonie » pour que cesse le gaspillage alimentaire et que chaque personne ait à manger, quelle que soit son appartenance ethnique.

Chaque injustice sociale lui est insupportable et quand vous passez déjeuner dans son restaurant le « Boop's café » au Quartier latin, sachez qu'il y a toujours une cagnotte de solidarité ouverte pour quelqu'un. Si l'on pouvait comparer la richesse de cœur à la richesse matérielle, Betty serait l'une des plus grandes fortunes de son pays.

Nous sommes devenues amies. Avec elle ce sont chaque jour des leçons d'humilité et d'humanité qu'elle nous transmet sans rien attendre en retour. Betty a réussi à rassembler une solide équipe de bénévoles à ses côtés. Bravo à toutes ces personnes pour leur engagement envers les plus démunis.

En écrivant cet hommage à mon amie, je ressens la présence de son papa, parti trop tôt rejoindre les étoiles, me dire qu'il est honoré de l'accomplissement de ses enfants.

CHAPITRE II

L'Amour de nos Parents

1— Une rencontre inattendue à la montagne

Quelques jours après la parution de *l'Infini Espoir* nous nous trouvions en métropole avec Christophe. Ce dernier émit l'idée d'en profiter pour aller faire du ski. Nous étions début avril et la neige recommença à tomber dès notre arrivée, comme pour nous accueillir. Bien que comme vous le savez, je n'aime pas du tout skier, j'ai aisément trouvé mon bonheur au spa de l'hôtel. Pouvoir me faire dorloter pendant que mon mari s'amusait sur les pistes m'a paru comme un privilège et un cadeau inestimables. J'ai ressenti mes Anges heureux de m'offrir ce cadeau comme une récompense pour la sortie de mon livre. Dès mon arrivée, je suis allée organiser mes 3 jours de bien-être.

Deux heures plus tard, je me trouvais entre les mains expertes d'Anaïs, une très jolie jeune femme de 22 ans, blonde aux yeux bleus. Que j'étais heureuse d'être là ! La cabine était superbe, et la table de massage chauffante, je n'avais plus qu'à savourer. À peine commençais-je à me détendre qu'instantanément je ressentis la présence de la grand-mère d'Anaïs. Une dame d'une grande bonté et d'une profonde gentillesse. Elle avait très envie de manifester sa présence à sa petite fille. Comment en parler à ma masseuse sans la choquer ni l'effrayer. Pendant le gommage, nous entamions toutes deux la conversation. D'habitude, je n'aime pas parler pendant un soin, sinon j'ai l'impression de ne pas en profiter. Mais cette fois-ci c'était différent, j'étais portée par la merveilleuse euphorie de la sortie de mon livre, par la reconnaissance de ce que la vie m'offrait. Alors j'ai répondu aux questions d'Anaïs : d'où je viens, puis ce que je fais dans la Vie. De façon détachée je lui ai parlé de la sortie de mon livre. Elle me demanda quel en était le sujet. Pour moi, c'était une très bonne manière de sonder si elle était ou non ouverte à la spiritualité. Soit elle ne répondait rien et j'aurai compris que ce sujet ne l'intéresse pas, soit elle allait me poser plus de questions. Et c'est ce qui se produisit. J'ai pu lui expliquer que je rentrais en contact avec les personnes décédées et que j'aimais plus que tout transmettre les messages de l'Au-delà. Elle me répondit qu'elle avait déjà pensé aller consulter une médium, mais qu'elle en avait trop peur. Sa meilleure amie avait déjà tenté l'expérience pour son petit frère qui était décédé, mais elle n'avait pas osé franchir le pas.

Je décidais de me lancer pour faire plaisir à sa mamie. De but en blanc je lui annonçai que je ressentais la présence de sa grand-mère. Anaïs a été très surprise, elle n'était pas préparée à recevoir des messages de sa chère mamie, décédée lorsqu'elle avait 14 ans. Sa mamie me dit l'Amour qu'elle portait à sa petite fille. Elle me dit :

— Si vous saviez comme ma petite fille est généreuse et bienveillante. Elle mérite tant d'être heureuse, je suis si fière d'elle.

Je communiquais au fur et à mesure à Anaïs les propos de sa mamie.

— Dites-lui que je vais très bien, je suis dans la Lumière. Mes jambes ne me font plus souffrir. Je fais de longues promenades.

Anaïs était très émue d'entendre tout cela. Elle m'expliqua qu'elle était très proche de sa mamie Ghislaine. Que cette dernière avait eu un AVC qui ne lui permettait plus de se promener avec elle et sa maman, comme elles adoraient le faire.

C'était un très bel échange, tout l'Amour de cette mamie m'a envahie, m'a enveloppée. C'était si doux.

Elle ajouta qu'Anaïs était bien protégée et qu'elle veillerait toujours sur leur famille. Anaïs a essuyé ses larmes à plusieurs reprises, elle s'est excusée de nombreuses fois d'être complètement bouleversée. À la fin du soin, elle m'a remerciée pour cet échange. Elle était très émue. Je lui ai demandé avec quelle personne elle aurait aimé entrer en contact si elle avait eu le courage d'aller consulter une médium comme elle en avait déjà eu l'envie. Elle me répondit :

— Avec ma mamie.

Elle me demanda si j'étais d'accord de diner un soir avec elle.

Nous nous sommes retrouvées le soir même. Elle est arrivée souriante, elle allait très bien et je la sentais encore émue. Elle m'a dit avoir téléphoné à sa maman tout de suite après m'avoir raccompagnée à l'accueil, pour lui raconter ce qui venait de se passer. Sa maman a aussi été très touchée et elles ont pleuré d'émotions toutes les deux.

Au cours du diner, elle m'a confié que j'avais été sa plus belle rencontre humaine depuis son arrivée dans cet hôtel. De mon côté, elle a également été ma plus belle rencontre de cette parenthèse enneigée.

Nous nous sommes revues et avons déjeuné ensemble avant notre départ. Elle m'a avoué que d'ordinaire elle ne demande jamais à ses clientes le métier qu'elles exercent. Elle ajouta :

— C'est vraiment bizarre ce qui s'est passé. En plus, deux jours avant de te rencontrer j'ai su que j'avais un poste en Guadeloupe. Alors lorsque tu m'as dit que ma mamie était très fière de moi, j'ai aussitôt pensé qu'elle voulait me féliciter pour ce nouveau poste.

Ghislaine sourit et me fit un clin d'œil.

2 — Une Bénédiction paternelle

Floralie est une jeune femme mélanésienne âgée de 31 ans. Après le décès de sa maman, c'est elle qui s'est occupée de son papa quand il est tombé malade à son tour, jusqu'à la fin. Floralie se sentait très mal, car elle n'arrivait pas à faire le deuil de ses parents et entretenait des relations conflictuelles avec ses frères et sœurs. D'ailleurs, lors d'une énième dispute, elle décida de partir prendre l'air sur la propriété de sa tante. Floralie ne cessait d'implorer ses parents pour l'aider à gérer sa situation.

Le lendemain soir, sa tante était en train de regarder l'une de ses émissions préférées sur la chaine Nouvelle-Calédonie la première :#*Le Lien*, présentée par Jessy Deroche, un programme tout à fait inconnu de Floralie. Ce soir-là, comme elle n'était pas chez elle, elle n'eut d'autre choix que de se plier aux habitudes de la maison. Quelle ne fut pas sa surprise quand elle me découvrit à l'occasion de mon premier direct. Elle ne me connaissait pas, n'avait jamais entendu parler de moi, mais peu importait, il ne faisait pour elle aucun doute que je personnifiais la réponse à ses prières ! J'étais la personne qui allait l'aider à entrer en contact avec ses parents. Voici le message qu'elle m'écrivit sur Messenger : « Bonjour Madame je vous ai vue à la télé, j'ai besoin de vous svp, je suis du nord, je m'appelle Floralie, j'ai 31 ans et j'ai perdu mes parents. Je souhaiterais entrer en contact avec mon père. J'aurais des questions à lui poser pour pouvoir avancer dans ma vie, car cela fait deux ans que je n'y arrive pas. »

Je fus touchée par le message de cette jeune fille que je ressentis en souffrance, aussi cherchai-je à lui fixer un rendez-vous éloigné de seulement quelques semaines. Gentiment, elle m'informa que, dans la mesure où elle habitait dans le nord de la Calédonie, elle n'avait pas souvent l'occasion de venir à Nouméa ; elle m'assura néanmoins qu'elle y descendrait le samedi 1er juin, car c'était le jour de son anniversaire, ce serait parfait si je pouvais la recevoir à cette date.

En regardant le calendrier, je me rendis compte que cette date correspondait au week-end de l'Ascension, week-end que j'avais promis de passer avec mes enfants sans prendre de consultation. J'hésitai devant cette alternative, mais n'eus pas à réfléchir longtemps, car je ressentis instantanément la présence de ses parents. Ces derniers se tenaient dans mon salon et, très respectueusement, insistèrent pour que je reçoive leur fille le jour de son anniversaire. Ils me firent comprendre que c'était important pour eux, que ce serait leur cadeau. Je n'eus donc plus le choix...

Le 1er juin, j'accueillis donc Floralie qui arriva chez moi si bien apprêtée que je me demandai si elle n'allait pas se rendre ensuite à un mariage. Elle portait une très jolie robe, de belles boucles d'oreilles et avait un ruban dans ses cheveux. Je ne pus m'empêcher de lui dire que je la trouvais très belle. Elle me répondit :

— C'est normal, aujourd'hui j'ai rendez-vous avec mes parents alors je me suis faite la plus belle possible pour eux.

Je fus émue de cette réponse touchante et l'invitai à prendre place dans mon bureau.

Floralie était stressée et méfiante. Elle voulait être certaine que j'allais bien canaliser ses parents. Aussi, ne me donna-t-elle aucune information sur eux.

Ses parents étaient déjà là, ils étaient arrivés avec elle, c'est ainsi que je pus la rassurer et lui signaler leur présence.

La première chose qu'ils me dirent fut qu'ils étaient très fiers de leur fille. Ils l'aimaient profondément et la remerciaient pour tout ce qu'elle avait fait pour eux. Jamais ils n'auraient imaginé que quelqu'un puisse en faire autant.

Je ressentis sa maman comme une femme douce, aimante et très tactile, qui me dit qu'elle souhaitait serrer très fort sa fille dans ses bras. Floralie reconnut là le caractère de sa maman. Son papa se tenait en retrait et je le visualisai comme un homme humble, méfiant, à l'esprit analytique et au grand cœur. Floralie me confirma que c'était bien lui.

Elle préféra attendre que ses parents s'expriment les premiers.

Ce fut surtout son papa qui prit la parole. Il lui expliqua qu'il fallait qu'elle fasse ses propres choix en fonction de ce qu'elle voulait vivre dans sa vie. Floralie devait suivre son propre chemin. Ce n'était pas à lui de prendre les décisions à la place de sa fille. Maintenant qu'il était dans l'Au-delà, elle devait suivre sa propre route. Il lui dit qu'elle avait un fort potentiel et qu'elle possédait tout en elle pour pouvoir prendre les bonnes décisions. Elle devait avoir confiance en elle, d'autant plus que les choix que ses parents pourraient lui suggérer ne lui conviendraient pas forcément. Son papa ajouta qu'elle allait réaliser de belles choses pour son pays.

Floralie me confirma à ce moment-là que tout ce que son papa disait était la vérité. Depuis son décès, elle n'arrivait pas à trouver sa place. Elle ne parvenait pas à prendre de décisions par elle-même et elle se sentait complètement perdue. À chaque fois qu'elle devait faire un choix, elle essayait de savoir quel aurait été celui de ses parents s'ils étaient encore en vie. De ce fait, Floralie passait complètement à côté de sa vie. Toutes les disputes avec sa famille venaient de ce problème. Elle souhaitait en effet que chacun de ses frères et sœurs vive comme si leurs parents étaient encore de ce monde. Elle leur reprochait de ne pas avoir une attitude irréprochable. Elle prenait tous leurs faits et gestes trop à cœur. Que penseraient leurs parents de tel ou tel comportement ? Elle était agressive.

Grâce aux messages de son papa, Floralie put repartir rassurée, émue et soulagée.

Nous avons gardé une petite correspondance toutes les deux et, suite à notre rencontre, elle m'écrivit un jour qu'elle avait réussi à faire le deuil de ses parents. Il y avait eu un changement radical dans son comportement. Elle s'était adoucie, n'était plus agressive. Elle avait retrouvé un travail et même un amoureux lors d'un mariage dans la tribu de sa grand-mère paternelle. Elle m'annonça également qu'elle allait bientôt devenir réserviste pour la gendarmerie et qu'elle souhaitait devenir pompière volontaire. Son papa avait raison lorsqu'il lui avait prédit qu'elle ferait de belles choses pour son pays !

Cette histoire me rappela une autre consultation que j'avais eue avec Caroline, une femme d'une quarantaine d'années, métropolitaine, résidant à Nouméa le temps d'une mission professionnelle. Je l'avais rencontrée chez des amis communs. À chacune de nos rencontres, son papa décédé m'apparaissait pour me demander de lui transmettre un message. Le problème était que nous nous voyions toujours en groupe et jamais dans l'intimité. Caroline était très agréable, mais très secrète, aussi nos conversations demeuraient-elles banales. C'était il y a bien longtemps et, à cette époque, je ne me risquais pas à parler de mes ressentis. Mais, à l'occasion d'une autre apparition, son papa se montra plus insistant qu'à l'accoutumée. Aussi, en rentrant chez moi, pris-je la décision d'en parler à notre amie commune. Ce fut donc elle qui l'appela, pour lui expliquer que son papa avait un message à lui transmettre par mon intermédiaire. Caroline se montra très surprise et émue, car, effectivement, son papa tant aimé était bien décédé. Elle m'appela dans la foulée.

Son papa fut présent dès le début de notre rencontre et il lui dit qu'il venait pour la libérer d'un poids qu'il lui avait fait porter inconsciemment. En effet, c'était un homme charismatique dont la situation professionnelle avait été importante. Sa fille l'avait toujours admiré, adulé et mis sur un piédestal. Il avait pris soin d'entretenir cette relation œdipienne sans en prendre véritablement la mesure. Caroline ignorait les raisons pour lesquelles ses relations amoureuses se soldaient toujours par un échec, et elle désespérait de fonder une famille.

Le message de son papa fut très clair :

— Ma fille j'ai eu un égo surdimensionné sur terre, et j'aimais la façon dont tu m'admirais. Inconsciemment, j'ai toujours critiqué tes petits amis, ne les trouvant pas à ta hauteur ou plutôt à ma hauteur. En fait, j'étais très possessif et je voulais te garder pour moi. Maintenant que je ne suis plus là, je me rends compte du poids que je t'ai fait porter et, surtout, même si nous nous aimons plus que tout, sache que j'ai compris qu'un homme comme moi avec mon caractère n'aurait jamais pu te rendre heureuse. Je te libère, ma fille, fais tes propres choix, choisis l'homme qui te correspondra et pas celui qui m'aurait plu pour toi !

Caroline fondit en larmes et elle me confirma que tout était vrai. Tant d'années de souffrance sans se rendre compte qu'elle cherchait toujours le double de son père. Elle repartit, le cœur léger, en me disant que toute sa vie venait de s'éclairer, car elle avait enfin compris ce qui n'allait pas dans ses relations amoureuses. Je ne la revis plus jamais, car, après notre entrevue, elle repartit en métropole.

Mes chers lecteurs, je vous souhaite d'oser faire vos propres choix pour ne pas passer à côté de votre vie. Faites-vous confiance, suivez votre GPS intérieur et donnez le meilleur de vous-même. Même si vous vous trompez, vous aurez au moins la satisfaction d'avoir essayé. Le plus dommageable serait d'avoir des regrets au dernier jour de votre vie et de vous rendre compte que vous n'avez pas pris telle ou telle décision par peur de vous tromper ou de faire vos propres choix. Reprenez le pouvoir sur votre vie.

J'aime énormément la maxime d'Oscar Wilde : « Soyez vous-même, les autres sont déjà pris ».

À vous de jouer…

3 — Une belle cérémonie

Lors d'une de mes visites à mes anciennes collègues de travail, je fis la connaissance de

Magali, une charmante jeune femme vanuataise, très souriante, qui venait de prendre un poste au sein de l'entreprise. Elle me demanda si je pourrais recevoir son mari qui souffrait énormément du décès de ses parents.

C'est ainsi que je fis la connaissance de Michel, un beau jeune homme mélanésien.

Michel arriva tout tremblant et très stressé, il avait peur des réponses qui lui seraient transmises.

Alors, je fis mon maximum pour instaurer un climat de confiance. Petit à petit, il réussit à se détendre. Il avait lu mon livre, il savait donc comment la séance allait se dérouler. Il me montra les photos de ses parents, je pus alors fermer les yeux et me concentrer pour me connecter à eux.

Ses parents étaient arrivés en même temps que lui. Je ressentis tout d'abord sa maman. Immédiatement, je perçus son fort caractère, elle parlait si vite que j'avais du mal à comprendre exactement ce qu'elle voulait me dire. Michel me confirma qu'il s'agissait bien là du caractère de sa maman. Il me signala qu'en fait, il craignait plus sa mère que son père.

Son papa avait également des choses à exprimer à son fils. Pour commencer, les deux parents le remercièrent de sa présence.

Michel ne put retenir ses larmes. Il est toujours très émouvant pour moi de voir un homme pleurer, de toucher sa fragilité. Cela me met mal à l'aise et, par respect, j'aimerais devenir transparente, ne pas être le témoin de cette intimité.

Son papa voulut prendre la parole en premier, mais sa maman n'était pas d'accord, elle voulait commencer. Je ressentis combien elle était autoritaire et prenait toute la place dans le couple. D'ailleurs, il était pour moi assez comique de constater leurs petites querelles dans l'Au-delà. Son papa finit par trouver la force de s'imposer ; ce qu'il avait à déclarer à son fils était très important pour lui et il ne souhaitait pas attendre.

J'en informai Michel. Ce dernier ressentait un tel manque de sa maman qu'il aurait préféré que ce soit elle qui s'exprime en premier. Surtout, il voulait qu'elle sache à quel point elle lui manquait et à quel point il l'aimait.

Mais l'insistance inhabituelle de son papa me décida à lui donner la priorité. Je le vis poser ses mains sur les épaules de son fils :

— Je suis désolé de ne pas avoir su exprimer mes sentiments de mon vivant. Je t'aime énormément et je suis très fier de l'homme que tu es devenu. Je te transmets le flambeau de la famille. C'est à ton tour maintenant de devenir chef de famille. Tu ne dois pas avoir peur, tu dois avoir confiance en toi, car tu peux accomplir de grandes choses.

Michel fut très ému et touché par les paroles de son papa. Puis ce fut au tour de sa maman de s'exprimer. Elle savait que son fils allait se marier dans les prochaines semaines avec Magali. Elle avait besoin de lui confirmer qu'elle acceptait son choix d'avoir choisi Magali comme future épouse, car elle l'appréciait beaucoup. Elle demanda à son fils de respecter son mariage en étant un époux fidèle et dévoué à sa famille. Elle me dit que, régulièrement, elle leur rendait visite. Michel me confirma qu'effectivement, avec sa future femme, ils ressentaient souvent sa présence.

Au fur et à mesure de la séance, Michel se mit à éprouver un apaisement dans son cœur. Il était heureux de recevoir les réponses à ses questions. De plus, il était rassuré de savoir que ses parents étaient en paix, dans la Lumière, qu'ils étaient heureux et qu'ils avaient retrouvé les autres membres de la famille partis avant eux.

Puis, je ressentis la présence de son grand-père paternel. Il avait également besoin de dire à son petit-fils à quel point il était fier de lui.

La transmission patriarcale s'accomplissait. Cette transmission est fondamentale, surtout dans la culture mélanésienne. Michel venait de recevoir là, en quelques minutes, un cadeau inestimable : la reconnaissance de ses pairs.

Il ne parvenait pas à étancher ses larmes.

Au total, je ressentis une dizaine de personnes venues se faire reconnaitre et manifester leur attachement à Michel, même si seuls, ses parents et son grand-père s'exprimèrent. J'eus le sentiment d'avoir assisté à une forme de cérémonie très solennelle.

Après qu'ils lui eurent fait d'autres recommandations et qu'ils l'eurent rassuré par leur présence, je mis fin à la séance.

Michel m'écrivit plus tard qu'il était reparti avec un sentiment de légèreté, le cœur rempli de joie de se sentir accompagné par sa famille défunte. À présent, il pouvait avancer en toute sérénité et dans la confiance en sa légitimité au sein de sa propre famille.

4 — Il n'est jamais trop tard pour demander pardon

J'ai eu la chance à Nouméa de participer à plus d'une dizaine de séances de dédicaces dans pratiquement toutes les librairies de la ville. J'ai reçu à chaque fois un accueil extraordinaire de la part des libraires et du public. Et j'en profite ici pour les remercier chaleureusement de l'opportunité qu'ils m'ont offerte en m'accueillant régulièrement au sein de leur librairie.

Aujourd'hui encore, lorsque je vois mon premier livre en rayon, cela emplit mon cœur de joie et de gratitude et je mesure la chance que j'ai.

Lors d'une séance de dédicaces à la boutique Iggdrazil, je fis la connaissance d'une jeune fille, Anna, qui vint à ma rencontre avec sa maman.

Elle était douce, prévenante :

— Bonjour, j'ai lu votre livre, et je souhaiterais un rendez-vous pour ma grand-mère qui va avoir 90 ans. Elle désire vous rencontrer, car elle a été abandonnée à la naissance et elle aimerait savoir qui sont ses parents.

Je lui expliquai que j'avais beaucoup d'attente, car je consultais gratuitement, mais seulement en dehors de mes heures de travail et mes obligations familiales, ce qui ne me laissait pas toujours la possibilité de répondre aux demandes de chacun.

De plus, en prenant connaissance de ses attentes, j'avais peur de ne pouvoir les satisfaire, ou de ne pas réussir à obtenir les informations qu'elle attendait.

En effet, je ne sais jamais à l'avance comment une consultation va se passer et je ne voulais pas la faire se déplacer pour rien. Je lui dédicaçai mon livre et toutes deux repartirent.

Quelques jours plus tard, elle me renvoya un petit message pour me remercier de notre rencontre, et elle en profita pour réitérer délicatement sa demande de rendez-vous. J'acceptai finalement de rencontrer sa grand-mère.

C'est ainsi que je vis arriver Gigi, une petite dame toute courbée sur sa canne. Son visage était avenant et je sentais que j'allais passer un bon moment avec elle. Sa petite fille, Anna, me demanda l'autorisation de participer à la séance. D'ordinaire, je n'aime pas recevoir plusieurs personnes à la fois, car, pour me concentrer, je préfère ne ressentir l'énergie que d'une seule personne.

Mais, en raison de l'âge avancé de Gigi, j'autorisai sa petite-fille à demeurer auprès de nous.

Gigi s'installa en face de moi et Anna me prévint que sa mamie était un peu sourde. Finalement, cela m'arrangeait donc que sa petite-fille fasse l'intermédiaire lorsque Gigi ne comprendrait pas ce que je lui dirais.

Ce qui me fit sourire, c'est que Gigi ne se rappelait pas du tout qui j'étais, ni d'avoir lu mon livre et encore moins d'avoir demandé à me rencontrer. Mais elle était si attendrissante que je la trouvais extrêmement touchante.

J'ouvre ici une parenthèse. Je demande généralement aux personnes qui souhaitent venir me consulter qu'elles aient au moins pris le temps de lire mon livre avant de venir à ma rencontre. J'attends de la part de celles-ci qu'elles s'intéressent un minimum à qui je suis et à ce à quoi elles doivent s'attendre lors d'une consultation avec moi. Par exemple, il m'est effectivement arrivé de recevoir des personnes qui n'avaient pas lu mon livre et qui ont été fort déçues de s'apercevoir que je ne tirais pas les cartes, ou que je ne prédisais pas l'avenir.

Gigi m'expliqua clairement :

— Je vais avoir bientôt 90 ans, j'ai été abandonnée à la naissance et j'ai besoin de comprendre. Comprendre comment une mère peut abandonner son enfant à la naissance. Comment est-ce possible ? Comment ma mère a-t-elle pu m'abandonner ? J'ai été placée dans plusieurs familles, et aucune d'entre elles n'a souhaité m'adopter. Je n'ai même pas pu aller à l'école parce qu'on m'a dit :

— Si tu veux manger, il faut que tu travailles.

Moi, vous savez, j'aimais l'école et je n'ai pas pu y aller. J'ai travaillé dur dans les champs et, même en travaillant dur dans les champs, je ne mangeais pas à ma faim. Parfois, lorsque c'était

très difficile pour moi, quand je me retrouvais seule dans les champs, je regardais le ciel et je maudissais ma mère. Je maudissais cette femme qui m'avait abandonnée. Je lui disais :
— Mais, comment tu as pu m'abandonner ? Comment une mère peut-elle abandonner son enfant ?

J'avais le cœur serré d'entendre cette petite mamie me raconter son enfance parce qu'au-delà de l'abandon puis de l'absence de parents adoptifs, elle avait surtout souffert du manque d'Amour.

À ce moment-là, j'avais juste eu envie de la prendre dans mes bras, de lui offrir un océan d'Amour pour rattraper toutes ces difficiles années. Je me suis levée et j'ai posé mes mains sur ses épaules pour essayer de me connecter et lui envoyer toute la chaleur qu'il m'était possible de transmettre. J'avais envie de lui dire que je l'aimais alors que je ne la connaissais que depuis quelques minutes. J'aurais souhaité pouvoir combler tous les manques d'Amour dont elle avait souffert pendant toutes ces années.

En posant mes mains sur elle, je fermai les yeux et me concentrai. C'est alors que je perçus la présence d'une jeune femme brune assez jolie. Elle me prévint qu'elle avait rajeuni. Comme je l'ai déjà expliqué, les personnes décédées prennent souvent l'apparence qu'elles avaient lors de leur période préférée sur terre.

Cette femme venait me dire qu'elle était la maman de Gigi. Elle m'expliqua :

— J'ai abandonné ma fille parce que j'ai dû moi aussi travailler pour survivre, je ne pouvais pas la garder. J'ai accouché en 1930 et j'étais également seule sans rien à manger.

Elle me fit comprendre que, malheureusement, ce n'était pas une histoire d'Amour qu'elle avait vécue avec le papa de Gigi, mais plutôt une relation forcée avant de tomber enceinte.

Elle ajouta :

— Je n'ai pas eu d'autre choix que d'abandonner ma fille, je n'ai jamais compté sur personne et il a toujours fallu que je me débrouille toute seule pour m'en sortir.

Je ne savais pas comment Gigi réagirait, mais je lui répétai fidèlement le message que sa maman me transmettait pour elle.

Gigi m'a regardée, songeuse, et a répondu :

— Si ma mère n'a jamais demandé d'aide à qui que ce soit, c'est que je tiens d'elle, car je me suis, moi aussi, toujours débrouillée toute seule. Hum ! Je comprends, ma mère n'a pas eu d'autre choix que celui de m'abandonner. La pauvre…

Mais l'instant d'après, elle s'est immédiatement reprise et a poursuivi :

— Oui, mais, quand même, comment une mère peut-elle abandonner son enfant ? Moi, jamais je n'aurais pu abandonner mes enfants !

Sa maman, bien que décédée depuis des années, était en fait apparue afin de demander pardon. Elle venait dire qu'elle n'avait jamais oublié sa fille qui allait bientôt avoir 90 ans.

Je regardai Gigi et je lui demandai si elle était prête à pardonner à sa maman.

Elle me répondit sur un ton désinvolte :

— Pfffff, je lui ai pardonné depuis longtemps.

Je n'étais pas convaincue par sa réponse, car, l'instant d'après, elle se mit à répéter, avec beaucoup de colère :

— Oui, mais, quand même, comment une mère peut-elle abandonner son enfant ?

J'espérais que son âme avait pu entendre ce que sa maman était venue lui faire comprendre. Je souhaitais qu'inconsciemment ce message l'ait apaisée.

Lorsqu'elles sont reparties, j'avais le cœur gros tant le chagrin et la détresse de Gigi avaient pénétré mon être. Mais, en même temps, je venais de vivre un moment émotionnel unique.

J'ai compris là qu'il n'est jamais trop tard pour demander pardon. Même décédée, une personne peut encore venir faire cette demande pour le chagrin qu'elle a causé sur terre.

Quelques semaines plus tard, je reçus un message d'Anna :

— « Grâce à notre rencontre, j'ai eu le cadeau et le grand privilège d'avoir pu échanger avec mon arrière-grand-mère. Mamie a eu la chance inouïe d'avoir des renseignements sur ses origines et quelques indications sur le physique de sa maman. Elle a toujours voulu savoir à quoi ressemblait sa mère. Toute la famille est heureuse d'en savoir plus sur les origines de Mamie. Ce rendez-vous a apaisé mes relations, non seulement avec ma grand-mère, mais également avec mon père.

Globalement, Mamie s'est grandement adoucie, même si on ne lui enlèvera jamais son caractère, celui de sa mère finalement ! (Coucou arrière-grand maman hi,hi !) Elle est plus facile à vivre, se plaint beaucoup moins et est moins sur la défensive. Nous avons réalisé la cérémonie de l'œuf[2] qui devrait consolider ces changements positifs. Pour ma part, à titre personnel, je remercie Dieu de m'avoir permis de connaître ton travail et de te rencontrer. Car depuis, je me suis ouverte et intéressée aux Anges et à un monde dont j'ignorais l'existence. J'ai maintenant un nouveau regard sur la vie et de nouvelles possibilités se sont ouvertes. J'ai également un regard apaisé sur la mort. »

---

[2] *L'infini Espoir*

Ce soir-là, après avoir lu le message d'Anna, je me suis endormie sereine et heureuse. Une fois de plus, j'ai remercié mes gentils Anges du Ciel et de la Terre, pour la nouvelle mission que je venais d'accomplir.

5 — Une famille peu commune

Un soir de décembre, je reçus un message de Benoît, l'ami d'amis très proches. J'avais déjà, au cours de différentes soirées, croisé brièvement Benoît et son épouse sans jamais être allée au-delà des présentations. Je fus donc très surprise de recevoir un message de sa part, et encore plus d'apprendre qu'il était en train de lire mon livre, mon lectorat étant plutôt féminin. Décidément, mes préjugés furent, une fois de plus, mis à mal...

Benoît souhaitait me rencontrer, car il avait perdu sa maman lorsqu'il était âgé de dix mois, et il avait besoin de connaitre, pour les comprendre, certaines circonstances de son décès. Il me demandait si je pouvais le recevoir prochainement, car il allait partir en vacances en métropole pour y revoir son frère aîné. Il ressentait le besoin de me rencontrer avant son départ, car il espérait pouvoir aborder avec lui le sujet de leur maman.

Je m'arrangeai pour lui donner un rendez-vous quelques jours plus tard. Dès son arrivée, il me raconta son histoire. Je ne m'attendais absolument pas à ce qu'il ait pu vivre une telle vie. Il m'expliqua que sa maman, Monique, s'était suicidée alors qu'il n'était âgé que de dix mois et son grand frère de cinq ans à peine.

En tant que maman, imaginer qu'une femme ait pu volontairement s'ôter la vie en abandonnant ainsi ses deux jeunes enfants m'interpella beaucoup. Mais, ce qui me déconcerta le plus fut la façon dont elle s'était suicidée. Benoît m'informa que sa maman s'était tuée en se tranchant la gorge...

Je restai abasourdie, car, j'avais toujours pensé que les personnes suicidaires recherchaient, pour en finir avec la vie, la solution la moins douloureuse pour elles.

Benoît, la cinquantaine, marié et père de deux enfants, souhaitait savoir si je pouvais parvenir à entrer en contact avec sa maman afin, peut-être, de réussir à cerner ce qui s'était réellement produit.

Je lui demandai s'il m'avait apporté une photo d'elle. En fait, bien que je n'aie pas forcément besoin de photo pour entrer en contact avec une personne décédée, en avoir une me facilite la tâche et me permet d'économiser de l'énergie. Me connecter à l'Au-delà me pousse à puiser dans mes ressources, un peu comme une pile. Même si je me sens portée lorsque je transmets les messages, je me sens souvent épuisée à la fin de ma journée. Patricia Darré[3], qui est l'une des médiums qui m'inspirent le plus et avec qui j'ai la chance d'être en contact, m'a confirmé qu'elle aussi se sentait fatiguée à la suite de ses connexions avec l'Au-delà.

Benoît me tendit une photo de Monique. Je découvris une dame souriante au visage aimant. Même en observant plus attentivement cette jeune femme sur la photo, prise quelque temps avant le drame, rien ne laissait présager une telle tragédie.

Je fermai les yeux, et pris quelques profondes respirations. Cette technique me permit de me mettre en mental neutre et de me connecter instantanément à l'Au-delà, un peu comme si je prenais un ascenseur ultra rapide.

Au bout de quelques minutes, je dus me rendre à l'évidence, j'éprouvais d'énormes difficultés à la capter ou à la ressentir. J'expliquai à Benoît que je parvenais à capter comme des sortes de fréquences radio. Cependant il était parfois possible que je n'arrive pas à saisir la fréquence d'une personne. Avec l'expérience, j'avais fini par en comprendre les raisons : soit je ne me

---

[3] Voir notamment ses nombreuses interviews sur YouTube

trouvais pas sur le même canal de réception qu'elle, soit cette personne était restée bloquée sur terre et n'avait donc pas pu encore monter vers la Lumière.

Je regardai intensément la photo de Monique pour essayer de m'imprégner au mieux de son énergie. Je demandai à Benoît s'il pouvait m'expliquer dans quel contexte sa maman s'était suicidée.

— Mes parents se sont séparés peu après ma naissance. Il y avait beaucoup de conflits entre eux. Certaines personnes m'ont raconté qu'avant le drame, ma mère était partie quelques jours dans une maison que des amis lui avaient prêtée. C'est là qu'elle s'était suicidée. On l'avait retrouvée, la carotide tranchée avec des traces de couteau sur son corps. Des voisins avaient témoigné qu'ils avaient vu mon père dans la ville, alors qu'il était censé être dans le Midi. Certaines personnes ne croient toujours pas au suicide, pour elles, il s'agit d'un assassinat. J'ai ainsi grandi avec, d'un côté des gens qui pensaient que ma mère avait été assassinée, de surcroit par mon père, et, de l'autre, avec la théorie de la police qui disait que ma mère s'était suicidée. À la suite du décès de ma mère, nous avons été élevés, mon grand frère et moi, par mon père et la dame avec qui il a refait sa vie. Tous les deux nous ont toujours affirmé que notre mère était folle, déséquilibrée et que c'était pour ces raisons qu'elle s'était suicidée. Toutefois, avec mon frère, nous avons réussi à maintenir le contact avec des membres de la famille de ma mère. Pour eux, il ne faisait aucun doute que nous avions eu une maman géniale qui n'était ni déséquilibrée, ni folle. L'hypothèse du suicide leur était impossible à concevoir et encore moins à accepter. Monique aimait par-dessus tous ses enfants et jamais elle ne les aurait abandonnés ainsi.

Décidément, je n'étais plus seulement abasourdie, mais profondément choquée. Pendant que Benoît déroulait son récit, je ne quittais pas des yeux la photo de Monique. Quand soudain, une vive émotion m'envahit, une émotion de colère me noua la gorge. Je précise que ce sont essentiellement des émotions que j'arrive à capter. Je parviens à ressentir l'énergie de la personne décédée, qu'elle soit en paix, heureuse ou, au contraire, mal à l'aise.

Je ressentis ensuite, très clairement, la présence de Monique à mes côtés. Elle n'était pas sereine, elle n'était pas en paix, elle était restée bloquée sur terre. Elle s'adressa à moi par télépathie :

— Comment trouver la paix ? Comment trouver la sérénité alors que l'on ne m'a pas rendu justice ? Il m'est impossible de partir tant que je n'aurai pas pu exprimer ce qui s'est passé.

Elle était indignée, en colère, et m'étouffait au sens littéral du terme par l'injustice de la situation qu'elle avait vécue et me faisait vivre à mon tour.

Elle révéla ce qui s'était réellement passé :
— Ce jour-là, Claude, mon ex-mari est venu me rendre visite pour parler. Nous nous sommes une fois de plus disputés, il m'a poussée à bout. J'avais un couteau à ma portée... Je l'ai menacé de me tuer s'il ne s'arrêtait pas. Il ne m'en croyait pas capable, il ricanait, se moquait de moi. Dans un geste désespéré, j'ai perdu le contrôle de moi-même et je suis passée à l'acte. J'ai pris le couteau, je voulais que ça s'arrête, je n'ai pas eu le temps de réfléchir aux conséquences de mon acte. Lorsque j'ai compris ce que je venais de faire, il était trop tard et je flottais au-dessus de mon corps. J'étais désemparée, j'aurais souhaité pouvoir revenir en arrière, mais je n'ai pas réussi. Mon geste n'était pas du tout prémédité. J'ai été poussée au suicide !

Cette situation est profondément injuste. Il m'est impossible d'accepter que mes enfants puissent penser que je les ai abandonnés et que j'ai eu délibérément envie de mourir.

Au fur et à mesure que Monique se libérait de sa souffrance, de cette injustice, je sentais qu'elle était prête à partir dans la Lumière. Je pouvais maintenant l'aider en l'accompagnant. J'ai appelé mes gentils Anges du Ciel et de la Terre pour qu'ils viennent la chercher. J'ai ressenti qu'elle me demandait de dire à ses enfants qu'elle les aimait.

À ma grande surprise, c'est son ex-mari, Claude, qui est venu la chercher. Ce dernier était décédé seulement quelques années auparavant. Ils se sont alors parlé sans que j'aie pu savoir ce qu'ils s'étaient dit, et je les ai vus partir tous les deux dans la Lumière. En une fraction de seconde, c'est comme s'ils avaient réussi à se réconcilier de tout le mal qu'ils s'étaient fait l'un, l'autre. Je ressens encore beaucoup d'émotion en vous narrant cette histoire.

J'ai compris que le départ de cette maman dans la Lumière n'avait été possible que dans la mesure où elle avait pu passer ce message essentiel à son fils Benoît ; lui faire savoir qu'à aucun moment elle n'avait eu l'intention de le laisser seul avec son frère, d'autant plus qu'elle les aimait tous deux profondément.

Benoît est reparti satisfait de savoir que sa maman n'avait pas voulu les abandonner. J'ai ressenti une forme de soulagement et de compréhension pour ce papa qui se demandait comment sa propre mère avait pu les abandonner.

Je l'ai revu neuf mois plus tard afin de lui demander s'il serait d'accord pour que j'écrive son histoire tant elle m'avait bouleversée. À cette occasion, j'en ai profité pour me reconnecter à Monique. Je voulais prendre de ses nouvelles. Bizarrement, elle n'avait pas encore trouvé réellement sa place dans l'Au-delà. Par télépathie elle m'expliqua :

— Ma famille terrestre ne pense pas suffisamment à moi et cela m'empêche de trouver mon équilibre, d'être à ma place. J'aurais besoin qu'on parle de moi, qu'il y ait des photos de moi chez mes enfants et qu'ils aient une pensée le jour de mon anniversaire, par exemple.

Aussitôt, j'ai fait le parallèle avec le dessin animé « Coco », un dessin animé que j'aime beaucoup. Il s'agit de l'histoire de Miguel, un petit garçon qui, par un étrange concours de circonstances, va se retrouver propulsé au Pays des Morts. Il va faire la rencontre de tous ses ancêtres et prendre conscience de l'importance de les célébrer sur terre, pour que ces derniers puissent être heureux et « vivants » dans l'Au-delà.

C'est exactement ce que Monique me fit ressentir. Pour se sentir bien dans l'Au-delà, elle avait besoin d'être en lien avec sa famille terrestre.

Benoit m'a écoutée puis est reparti en me promettant d'y réfléchir, mais il savait déjà qu'effectivement, il n'avait pas fait de place à sa maman au sein de sa famille.
Quelques jours plus tard, il m'envoya un message dans lequel il m'expliquait qu'avec sa femme et leurs enfants, ils avaient décidé de parler de Monique à la maison. Il insista pour me faire comprendre que ce ne serait pas facile pour lui :

— J'étais un bébé quand elle est décédée, je n'ai pas de souvenirs d'elle, je ne la connais que très peu, voire pas du tout. Je me suis construit avec une image négative de ma mère, même si sa propre famille me disait de belles choses sur elle. Le ressenti de Benoît était très compréhensible. Mais je savais que, dans la famille de Benoît, il y avait suffisamment d'Amour pour que Monique soit célébrée comme il se devait. J'avais confiance...

Désormais, elle rayonne dans l'Au-delà, et veille sur sa famille avec beaucoup de tendresse.

Il lui est désormais possible d'être totalement en paix.

J'ai revu Benoît il y a quelques semaines lors d'une soirée d'anniversaire. Il m'a confirmé l'apaisement que notre échange lui avait prodigué :

— Il faut que tu saches que notre rencontre m'a apaisé, c'est comme si tu m'avais donné une pièce qui manquait à mon puzzle. Tout va bien, je suis serein.

6 — Pour l'Amour d'un papa

Depuis la sortie de mon premier livre, j'ai eu la chance et le privilège de rencontrer de très belles personnes qui devinrent, au fil du temps, des amis et qui eurent à cœur de faire découvrir *l'Infini Espoir* à leur famille, à leurs amis, à leurs collègues de travail. Une magnifique chaine de solidarité s'est créée autour de mon livre pour mon plus grand bonheur. J'ai rencontré certaines personnes virtuellement grâce aux réseaux sociaux, et d'autres physiquement, ici où je réside, en Nouvelle-Calédonie. Vous êtes bien trop nombreux pour que je vous nomme tous individuellement, mais ma reconnaissance à votre égard est indéfectible.

Au mois de mai 2020, je rencontrai Jean-Pierre et son épouse Martine. Au fil du temps, nous nous liâmes d'une belle amitié. Jean-Pierre et moi échangions quelques petits messages par-ci par-là, mais, un jour, il m'appela pour me demander si je serais intéressée par une interview qu'allait réaliser une jeune femme, Jessica, professeure de français pour les étudiants étrangers, et qui anime un *podcast* « French Voices » pour permettre aux étudiants francophiles de progresser en langue française. Jean-Pierre avait entendu parler d'elle par l'intermédiaire de l'une de ses amies qui, habitant aux États-Unis, était l'une de ses élèves.

Jessica est née en Champagne, mais vit, depuis quelques années, avec son mari australien et leurs deux enfants à Melbourne.

Bienveillant, Jean-Pierre lui écrivit afin de lui proposer de m'interviewer. Jessica, personne passionnée, enthousiaste et curieuse de tout, accepta avec joie et prit donc contact avec moi. Elle reconnut bien vite que, si Jean-Pierre n'avait pas fait cette démarche, jamais il ne lui serait venu à l'esprit d'interviewer une médium !

C'est ainsi que je reçus une proposition de Jessica pour enregistrer un *podcast* au sujet de mon livre. Je trouvai cette opportunité très intéressante dans la mesure où le fait de relater mon parcours et les messages des Anges me procure toujours beaucoup de bonheur. De plus, grâce à l'aide de deux amies, Dominique et Méryle, *l'Infini Espoir* avait pu être traduit en anglais. Ainsi, si les étudiants souhaitaient lire mon livre en anglais pour une meilleure compréhension de l'interview en français, cela leur serait possible. Nous échangeâmes plusieurs minutes au téléphone, et le courant passa immédiatement entre nous deux.

Jessica ne prêta pas attention au fait que nos échanges auraient lieu quelques jours après la date anniversaire du décès de son papa. Cependant, lors de notre échange, elle m'informa qu'il était décédé depuis plusieurs années, mais qu'elle préférait ne pas aborder ce sujet beaucoup trop douloureux pour elle. D'ailleurs, elle ne parlait jamais de son papa avec qui que ce fût. Elle respectait qui j'étais, et ne remettait pas en doute ma sincérité bien que, selon ses propres croyances, la vie après la mort n'existait pas. Je lui fis parvenir mon livre pour qu'elle puisse ensuite m'interviewer en toute connaissance de cause. Jessica le dévora en une journée et nous fixa une date d'interview.

Le jour J arriva. Comme à chaque interview, je me préparai en appelant tous mes gentils Anges du Ciel et de la Terre pour leur demander de m'aider à faire passer leurs messages de la meilleure façon. Jessica me mit à l'aise et nous commençâmes une conversation en toute simplicité comme si nous étions amies depuis toujours. Nous avions allumé la caméra, mais elle m'expliqua que, comme il ne s'agissait que d'un *podcast*, elle ne garderait certainement que le son audio. Cela tombait parfaitement bien dans la mesure où je n'avais pas réussi, de mon côté, à cadrer correctement mon image sur l'écran. Comme pour la plupart de mes interviews, je pris soin de relater mon parcours, de l'enfance au moment présent, sans oublier d'y rajouter quelques anecdotes plutôt rigolotes. Mais tout ne se passa pas comme prévu, car, à la vingt-troisième minute, au moment où j'expliquais que ce que j'aimais le plus dans ma mission, faire passer les messages des défunts, le papa de Jessica m'apparut. Cette apparition me perturba, l'émotion m'envahit et je perdis le fil de la discussion laquelle, jusque-là, avait été plutôt bien structurée. Je me sentis déstabilisée, mais le papa de Jessica insista : « je dois parler à ma fille, je dois parler à ma fille ». Pourquoi avait-il choisi ce moment-là précisément alors qu'il aurait eu tout le loisir de le faire en dehors de l'enregistrement de l'épisode.

J'étais gênée, surtout que Jessica m'avait bien prévenue qu'elle ne voulait absolument pas que l'on évoque son papa. Comment faire ? Jessica perçut mon trouble. Aussi fus-je contrainte de lui en donner la raison. Je lui dis que j'allais néanmoins poursuivre et que l'on parlerait de mon ressenti à la fin de l'interview. Mais c'était sans compter sur l'insistance de son papa. Impossible pour moi de poursuivre, je continuai à m'emmêler dans mes propos, car les paroles de son papa me parasitaient. Jessica me proposa alors de marquer une pause.

Ouf... durant vingt-cinq minutes, son papa me transmit de nombreux messages à l'intention de sa fille. Jessica en fut bouleversée, elle ne put retenir ses larmes. Son papa me transmit des choses très personnelles qui allaient enfin pouvoir la réparer, qui allaient lui permettre de se reconnecter à lui. En effet, Jessica lui en voulait beaucoup d'être décédé soudainement et de l'avoir abandonnée, même si, au fond d'elle-même, elle savait pertinemment que personne ne fait exprès d'avoir une crise cardiaque. Ce fut un échange très fort, très intense émotionnellement. Au moment du montage du *podcast*, elle décida de couper ce moment d'échanges précieux pour le garder pour elle et en donna l'explication suivante à ses élèves :

— J'ai reçu un message très personnel de mon papa. C'était une expérience absolument extraordinaire, au sens littéral du terme, c'est-à-dire absolument pas ordinaire. C'est un cadeau parce qu'il est venu en plein milieu de mon interview, il a été l'invité le plus spécial que j'aie pu recevoir dans mes émissions *podcasts*, mais ce message, je veux le garder pour moi.

À l'issue de ces vingt-cinq minutes, je pus reprendre le cours de l'interview comme si de rien n'était. En effet, une fois que j'ai fini de transmettre leurs messages, les personnes décédées ne me parasitent plus et me rendent en quelque sorte ma liberté.

Finalement, Jessica décida de mettre en ligne sur sa chaine YouTube « French Your Way », la vidéo de notre interview et non seulement l'audio. Comme je vous en faisais la remarque un peu plus haut, vous pourrez y observer que mon écran était mal cadré, mais que le son n'en était néanmoins pas altéré.

Quelques jours après cette interview, Jessica, encore ébranlée, m'envoya un message audio relatant la façon dont elle avait vécu les heures qui avaient suivi cette interview. Elle y expliquait qu'elle avait revisionné plusieurs fois notre enregistrement. Elle était très impressionnée par le fait que les phrases que j'avais transmises de son père reflétaient exactement la façon qu'il avait de s'exprimer. Elle avait le sentiment que c'était lui qui lui avait parlé en personne. Elle me confirma que j'avais bien employé son vocabulaire.

Après avoir raccroché, elle ne sut pas quoi faire, trop d'émotions et de pensées tourbillonnaient dans sa tête. Deux heures plus tard, son mari était sur l'ordinateur. Jessica lui demanda de lui retrouver la vidéo de l'audition de Vincent Vinel, candidat à l'émission *The Voice*, version française de 2017. Elle avait découvert ce chanteur quelque temps auparavant et avait adoré sa chanson très enjouée. Aussi, se dit-elle, l'écouter lui changerait sans doute les idées. Son mari s'exécuta et tapa le nom de ce chanteur sur le moteur de recherche Internet. L'application YouTube proposait plusieurs vidéos, mais sans savoir pour quelles raisons son mari fut poussé à rechercher une autre vidéo. Son attitude exaspérait Jessica qui était impatiente d'écouter le morceau demandé. Pourquoi son mari ne cliquait-il pas sur la première vidéo qui apparaissait sur le moteur de recherche ? Non, ce dernier préféra cliquer sur la vidéo de la chaine de TF1. Cette vidéo permettait non seulement d'écouter la chanson, mais surtout d'entendre les post-commentaires du jury.

Le jury de l'époque était composé de Zazie, MPokora, Florent Pagny et Mika. Vincent Vinel étant malvoyant, les membres du jury s'avancèrent à la fin de sa prestation pour se présenter de plus près. Sur cette vidéo, on pouvait voir un plan du chanteur Mika. Cet instant renvoya Jessica à la dernière fois qu'elle avait vu son papa vivant. C'était à ce moment précis qu'elle lui avait emprunté le CD de Mika qu'il venait de s'offrir. Il le lui avait prêté en lui précisant sur un ton ironique : « celui-là, il s'appelle reviens ! ».

Malheureusement Jessica n'avait jamais pu le lui rendre, et elle l'avait emporté avec elle à Melbourne. Au moment où Jessica fit ce lien dans son esprit, le prénom « Pascal » fut prononcé deux fois dans la vidéo, « Pascal » étant le prénom du papa de Jessica. Ce qui lui parut bizarre fut que personne sur le plateau ne se prénommait Pascal. Jessica fut alors persuadée que son papa venait de lui envoyer un signe pour lui dire que, désormais, ils étaient connectés et qu'il communiquait avec elle. Jessica tendit de nouveau l'oreille pour tenter de comprendre pourquoi ce prénom Pascal arrivait comme un cheveu sur la soupe dans la vidéo. En fait, Vincent Vinel répondait à la question de Mika qui l'interrogeait sur son prénom.

Mais, Vincent y avait déjà répondu sans que Mika y prêta attention, Vincent répondit donc cette fois, pour plaisanter, qu'il s'appelait Pascal. Jessica en fut complètement ébranlée et alla relater à son mari la découverte qu'elle venait de faire sur la vidéo. Son mari ne trouva aucune explication rationnelle pour expliquer pourquoi il n'avait pas cliqué sur le lien YouTube, mais sur celui de la chaine TF1. Jessica allait devoir remettre de l'ordre dans ses idées. Elle souhaitait s'isoler, et rester seule un moment dans la cuisine. Peut-être allait-elle appeler sa maman ou son frère. Son mari comprit le besoin que sa femme éprouvait de se retrouver seule, il lui demanda seulement quelques minutes, le temps de se préparer un thé, avant de s'éclipser.

Pendant ces quelques minutes, qui lui semblèrent interminables, Jessica pianota sur son téléphone et notamment sur le groupe Facebook des familles françaises habitant à Melbourne.

Elle tomba sur l'annonce d'une compatriote qui vendait différents livres d'occasion. Pour passer le temps, car Jessica n'avait pas l'intention d'acheter de livre, elle fit défiler les photos de l'annonce. Elle fut attirée par la couverture d'un livre de Marc Lévy dont le titre était : *Et si c'était vrai ?* Ce fut un coup pour elle, elle se répéta ce titre *Et si c'était vrai ?* De plus, elle connaissait bien ce livre et l'avait déjà lu. Peu après sa parution, son papa l'avait emprunté à la bibliothèque et lui en avait conseillé la lecture. Le synopsis est l'histoire d'une jeune femme dans le coma qui va réussir à communiquer avec la personne qui reprend la location de son appartement.

Jessica, épuisée émotionnellement finit par aller se coucher, mais ne parvint pas à s'endormir. Alors, comme pratiquement chaque soir, elle enfonça ses écouteurs dans ses oreilles et mit un *podcast* sur écoute. Elle aimait en particulier écouter « les Grosses Têtes » de Laurent Ruquier, une émission, par ailleurs, appréciée de son papa. Mais Jessica ne cessait pas de se retourner dans son lit sans parvenir à trouver le sommeil. Elle pensait à son papa et finit par lui demander qu'il lui envoie un signe. À ce moment précis, son *podcast* se mit sur pause sans qu'elle ait touché son téléphone. Elle appuya de nouveau sur celui-ci et l'enregistrement de l'émission se remit en route. Elle commençait enfin à somnoler quand elle sursauta en entendant faiblement une sonnerie de téléphone qui ressemblait à la sienne. Cette sonnerie réactiva instantanément ses sens. Elle se demanda si elle émanait du *podcast* qu'elle était en train d'écouter ou bien si elle provenait de chez ses voisins. Néanmoins, vu qu'il était deux heures du matin, il lui semblait bizarre que cette sonnerie puisse provenir de l'étage du dessus. Elle écouta alors plus attentivement le contenu de la conversation de l'émission. Elle entendit l'un des intervenants parler de « médium capable de ressentir la présence de défunts ». C'était la première fois qu'elle entendait parler de médiumnité dans cette émission. Encore une coïncidence ! Même si elle avait pu éprouver de la sérénité, de la joie, de l'euphorie et de l'apaisement d'avoir reçu des messages de son papa, la remise en question de ses croyances était violente. Sa façon de voir le monde, d'appréhender la mort, l'Au-delà, une autre dimension, venait d'être balayée.

Le lendemain, elle prit la décision de ne pas tomber dans la psychose de rechercher tous les signes qui pourraient apparaitre sur son chemin. Cependant un souvenir lui revint plusieurs fois à l'esprit dans la matinée. Quelques mois auparavant, un chauffard avait failli la renverser et, si elle n'avait pas eu le réflexe de s'écarter, elle serait sans aucun doute passée sous les roues de la voiture. Cet événement l'avait profondément bouleversée et, en rentrant chez elle, elle avait pris conscience qu'elle aurait pu ne jamais revoir son mari ni ses enfants, notamment son petit dernier qu'elle allaitait encore. Elle fit part à son mari de ses réflexions, à savoir : est-ce que, finalement, ce jour-là, n'était-ce pas son papa qui était venu la protéger ? Son mari lui répondit que, pour lui, c'était une évidence. Jessica fut surprise par la réponse de son mari. Pourquoi, à l'époque, ne lui en avait-il pas parlé ?

Ce dernier lui rétorqua gentiment qu'il y avait seulement vingt-quatre heures de cela elle ne croyait encore à rien et n'était vraiment pas ouverte à la possibilité d'une vie après la mort. Comment aurait-il pu lui dire qu'il avait l'intime conviction que c'était son père qui l'avait protégée ?

Toujours dans ses pensées, un autre souvenir revint également à la mémoire de Jessica. Il s'agissait du choix du prénom de sa petite fille, Lili. En effet, bien avant sa conception, Jessica était déjà convaincue qu'elle aurait un jour une fille et qu'elle lui donnerait ce prénom. Elle l'avait choisi en référence à la chanson « Lili » du chanteur Aaron. Cette chanson avait été sélectionnée comme bande originale du film : *Je vais bien, ne t'en fais pas*. Ce film traite de la résilience lorsqu'on a perdu un être cher. Tout à coup, lui apparurent comme une évidence que les deux titres : « *et si c'était vrai ?*, et *je vais bien, ne t'en fais pas,* formaient le message que son père lui adressait.

Lors du dernier été de son papa, soit quelques jours avant son décès, Jessica apprit que le chanteur Aaron allait donner un concert. Elle en informa son papa qu'elle aimerait bien s'y rendre et c'est ce qu'elle fit, malheureusement entre temps son papa était décédé. Elle fut même au premier rang et fut prise en photo par le groupe qui fit un selfie sur scène. Maintenant que tout lui revenait en mémoire, elle se mit à relire les paroles de cette chanson qu'elle connaissait par cœur. Et cette fois-ci, les paroles prirent tout leur sens. C'était une chanson en anglais, dont voici la traduction française :

> **Lili take another walk out of your fake world**
> *Lili fait un autre pas en dehors de ce monde illusoire*
> **Please put all the drugs out of your hand**
> *Je t'en prie rejette toutes ces drogues diluées entre leurs bras*
> **You'll see that you can breathe without not back up**
> *Tu verras que tu peux respirer par toi-même*
> **So much stuff you got to understand**
> *Tant de choses que tu dois comprendre*
> **For every step in any walk**
> *Pour chaque étape*
> **Any town of any thought**
> *Chacune de ces villes, chacun de tes rêves*
> **I'll be your guide**
> *Je serai ton guide*
> **For every street of any scene**
> *Sur chaque route, sur chaque chemin*

Any place you'venever been
Dans tous les endroits où tu n'es jamais allée
I'll be your guide
Je serai ton guide
Lili, you know there's still a place for people like us
Lili tu sais qu'il reste une place pour les enfants comme nous
The same blood runs in every hand
Le même sang coule dans chacune de nos veines
You see it's not the wings that make the angel
Tu vois bien que les ailes ne font pas les anges
Just have to move the bats out of your head
Tu dois seulement chasser ces démons de ta tête
For every step in any walk
Pour chaque étape, chaque chemin
Any town of any thought
Chaque ville, chacun de tes rêves
I'll be your guide
Je serai ton guide

J'entendis Jessica pleurer tandis qu'elle me narrait tout cela sur l'audio que j'écoutais. Cette chanson correspondait si bien aux sentiments que son papa éprouvait pour ses enfants. Nous étions la prunelle de ses yeux, me dit-elle.

Je fus à mon tour tellement bouleversée par cet audio que je décidai d'en faire une vidéo sur ma chaine YouTube. En effet il m'arrive très fréquemment d'enregistrer de courtes vidéos à la suite, par exemple, d'une consultation qui m'aura affectée plus qu'une autre.

Nous n'allions pas être au bout de nos surprises, Pascal allait encore mettre le paquet pour nous surprendre !

Comme à mon habitude, à chaque fois que je tourne une vidéo dans mon bureau, je m'installe toujours au même endroit, à savoir à côté de ma fenêtre avec, en fond, une étagère sur laquelle sont disposés plusieurs objets, dont des figurines d'Anges. Pendant que j'enregistrais cette vidéo-là, vers la deuxième minute, je fus troublée par l'apparition derrière moi d'une plume transparente, que je pouvais voir sur l'écran. C'était la première fois qu'un tel phénomène se produisait et j'en fus complètement déstabilisée. Cela me fit le même effet que lors de l'interview avec Jessica durant laquelle son papa m'était apparu.

Je tentai de poursuivre mon laïus, mais je n'y arrivais pas. Je mis sur pause pour vérifier si la plume était réelle et si elle s'était posée sur le sol. Mais non, à ma grande déception, il n'y avait rien. Je décidai alors de poursuivre l'enregistrement de la vidéo en m'excusant auprès de mes auditeurs d'avoir dû la couper. C'est alors qu'à nouveau une autre trace blanche apparut sur l'écran. J'en fus complètement perturbée. Je terminai tant bien que mal l'enregistrement. Si vous souhaitez le visionner, vous pourrez le retrouver sur ma chaine YouTube, intitulé *Manifestation d'un papa lors d'une interview*. https://youtu.be/EwDiScCFZ9w.

J'envoyai aussitôt un message à Jessica pour la prévenir de ce qui venait de se produire. J'éprouvai le besoin de partager cette expérience avec elle. Toutes les deux, nous fûmes convaincues que c'était son papa qui s'était manifesté dans la vidéo.

Jessica reçut encore de nombreux messages et signes tellement probants qu'elle envisage à présent d'écrire un livre sur son histoire.
Elle me confirma qu'à la suite de toutes nos aventures, la qualité de son sommeil s'était considérablement améliorée. Désormais elle arrivait à s'endormir sans écouter de *podcast*, en restant seule avec ses pensées.
Aujourd'hui, Jessica pense à son papa de façon sereine, et elle lui est reconnaissante de toute l'énergie qu'il a su déployer pour se manifester. Actuellement, je pense même que Jessica est

certainement devenue incollable sur tous les sujets traitant de l'après-vie !

Retrouvez Jessica sur son site internet : http://www.frenchyourway.com.au/

CHAPITRE III

L'Amour de nos Enfants

1 — Élise, Princesse Courageuse.

Elle s'appelait Élise Princesse Courageuse. Elle voulait changer le monde avec ses *Tizamis*. Elle est entrée dans ma vie grâce à Nathalie, la maman de Quentin, décédé d'un cancer à l'âge de 7 ans[4].
Nathalie m'avait écrit pour me suggérer de regarder la page Facebook d'Élise. J'ai ainsi pu découvrir, début 2019, le profil d'une petite fille, âgée de 9 ans. Si Nathalie m'a proposé ce jour-là de suivre la page d'Élise, c'est parce que cette dernière était malade. Tout comme Quentin l'avait été. Élise venait de fêter ses 3 ans quand les médecins lui diagnostiquèrent une tumeur cérébrale.

Sa maman, Vanessa, tient à jour la page Facebook de sa fille : « Élise Princesse Courageuse ».
J'ai peu à peu appris à faire la connaissance virtuelle d'une magnifique petite fille, une vraie princesse avec un cœur gros comme la Terre et qui ne baissait jamais les bras.

---

[4] *l'Infini Espoir*

D'une extrême générosité envers tous les êtres qui croisaient sa route. Comme beaucoup de personnes qui la suivaient sur son lien, j'ai été touchée par sa force, sa sagesse, son sourire et la Lumière qui irradiait de ses yeux. C'était une vraie guerrière qui savait comme personne remonter le moral des troupes, redonner de la force et de l'Espoir. Au travers des mots que j'écris aujourd'hui, je souhaite rendre hommage à Élise en partageant, avec beaucoup d'humilité, avec vous la relation qui a pu se construire entre elle et moi.

J'ai découvert, tout au long des différents posts Facebook, l'univers d'Élise au sein d'une famille soudée et unie composée de sa maman Vanessa, son papa Franck, ses deux frères, Jules et Charles, et de son petit chien Noz.

Pour passer le temps pendant ses longues heures d'attente à l'hôpital, Élise avait appris à fabriquer des *Tizamis*, qu'elle aimait offrir en remerciement aux soignants. Les *Tizamis* sont des petits bonhommes dont la tête est une perle en bois, le corps tressé et les bras et les jambes des fils de couleurs.

Élise avait une telle envie de vivre qu'elle cherchait par tous les moyens à soutenir les médecins, les chercheurs et les associations afin qu'ils trouvent, pour elle et pour tous les autres enfants cancéreux, un traitement qui puisse les guérir. Elle avait compris que pour accomplir sa mission, elle allait devoir trouver des ressources financières. Alors, avec toute sa générosité et son courage, elle rassembla toutes ses forces pour fabriquer des cartes ou peindre des tableaux qu'elle vendit ensuite.

Par la suite, elle eut l'idée de génie de vendre ses *Tizamis* pour collecter des fonds qui seraient reversés à la recherche contre le cancer.

Élise répétait : « nous, les enfants, pouvons faire de grandes choses ; il suffit de nous écouter et de nous accompagner. J'ai décidé de changer le monde avec mes *Tizamis* et d'améliorer le quotidien des enfants malades. »

Elle eut même l'idée d'apprendre à sa famille le secret de fabrication de ses *Tizamis* afin que ses proches puissent l'aider, lorsque ses forces la lâcheraient. Elle avait vraiment tout prévu et initié une véritable entreprise familiale.

Sa maman alimentait sa page Facebook avec beaucoup de courage et d'énergie. Nous avons tous été solidaires des moments qu'elle nous a fait partager elle et sa famille.

Nous reprenions tous Espoir lorsqu'une publication Facebook annonçait qu'elle allait mieux ou bien qu'elle allait essayer un nouveau traitement.

Un jour, sa maman a posté une vidéo sur laquelle Élise est apparue vêtue d'un pyjama licorne rose et blanc tandis qu'elle chantait une chanson que je ne connaissais pas. Les paroles de cette chanson disaient : « Si je vous gêne, ben c'est la même, moi je vous aime » et Élise nous envoyait des baisers volants. Sans savoir pourquoi, cette vidéo m'a profondément émue et s'est ancrée en moi.

Un autre jour, sa maman a publié une photo de notre Princesse assise devant un plateau d'huitres et de saumon fumé dont elle raffolait et que des amis lui avaient offert.

Nous savions, par sa maman, qu'elle ne parvenait malheureusement à en avaler qu'une petite bouchée. Même sa généreuse boulangère lui offrait ses gâteaux préférés qu'elle goûtait à peine. Sur les photos, pourtant, Élise prenait sur elle et souriait.

Nous avions aussi été très heureux d'apprendre qu'elle avait pu retrouver suffisamment de forces pour réussir à partager un moment dans sa classe avec sa maîtresse et ses camarades.

Nous souffrions tous ensemble à l'annonce de ses maux de tête qui allaient la contraindre à être, de nouveau, hospitalisée ou bien lorsqu'un nouveau traitement n'avait pas tenu ses promesses, aggravant ainsi son état.

Voir ses *Tizamis* voyager lui mettait du baume au cœur. Et oui, déjà 23 300 *Tizamis* d'Élise ont, à ce jour, parcouru le monde, tout comme les nains du film *Amélie Poulain*. Leurs heureux propriétaires les emmènent avec eux dans leurs bagages, et leurs publications, émanant de différents pays, nous parviennent sur la toile.

Pour ma part, j'ai emporté les miens au phare Amédée de Nouméa, et jusqu'à Sydney, en Australie, avant qu'ils ne terminent leur périple en rejoignant leur place définitive dans mon bureau et sur ma table de chevet.

Élise aura réussi à sensibiliser tant de monde ! Des sportifs auront couru au profit de sa cause. Le chanteur Vianney très touché sera même venu plusieurs fois jusqu'à elle pour lui jouer de la guitare et lui chanter des chansons.

Elle aura été reçue par le président de la République, Emmanuel Macron et son épouse, Brigitte. Mais aussi par le Prince Albert de Monaco ! Ce n'est pas une plaisanterie lorsque j'écris qu'Élise était une véritable « Princesse » !

Élise aura réussi à faire ressortir le meilleur de nous-mêmes. C'est incroyable ce qu'elle aura accompli du haut de ses neuf ans. Son pouvoir fédérateur aura largement dépassé les frontières.

Malheureusement, Élise a quitté notre monde pour rejoindre la Lumière le 16 juillet 2019, laissant un vide incommensurable pour sa famille, profondément chagrinée, et pour son petit chien.

J'ai appris la bien triste nouvelle peu de temps après mon réveil, en découvrant le post Facebook de la maman d'Élise.

J'ai laissé passer quelques heures, conduit mes enfants à l'école, puis j'ai ressenti le besoin de me retrouver dans mon petit bureau et de lui écrire.

« ma Jolie Princesse, je viens d'apprendre en me levant ce matin que tu étais partie sans souffrir. Par pudeur, je n'ai pas osé tout de suite te déranger, j'ai éprouvé le besoin de te laisser encore en paix avec tes parents. J'ai pensé fort à toi et à ton arrivée au Ciel. Je l'ai manquée, mais je t'ai vue tout de suite après avec une belle robe de danseuse et je t'ai regardée tourner. Tu ne m'as pas vue et quand bien même… Tu te serais sans doute demandée qui était cette dame ?

Je t'ai visualisée si grande, si belle, toi, devenue cette magnifique danseuse d'au moins 18 ans. Je t'ai sentie en paix et sereine. J'ai su que tu avais acquis la sagesse du monde. Quelle chance pour moi de pouvoir passer ce moment avec toi ! Tu es si rayonnante, tu sais tout, tu as tout compris. Tu es si douce et aimante. Tu peux être fière de tout ce que tu as accompli sur cette Terre. Ta mission de vie aura été courte, mais tu l'auras si bien remplie. Tu auras rencontré de belles personnes, imprégnant chacune de ton empreinte et de l'Espoir d'une vie meilleure. »

Élise me répondit par télépathie :
« — J'ai développé dans mon cœur et autour de moi l'indulgence et la patience. Je vous aime individuellement. J'ai réchauffé vos cœurs comme vous avez réchauffé le mien, vous êtes Lumière et je suis Lumière étincelante. J'ai emporté avec moi votre chaleur. Ne prenez pas mon départ pour un échec, ne pensez pas que j'aie baissé les bras. J'ai été accueillie par une haie d'honneur composée de nombreux enfants de la planète, décédés comme moi. Un grand buffet a été organisé pour moi. J'ai grandi si vite en si peu de temps et je me retrouve à présent confiée à une sorte *d'orphelinat* pour accueillir d'autres enfants malades. J'ai été adoptée tout de suite. C'est que j'ai tellement d'idées ! Ils étaient contents que je rejoigne leur équipe. Avec moi, nous allons beaucoup nous amuser.

Je suis la Lumière du monde, l'étincelle de vie et je suis vous tous à la fois. Nous sommes reliés pour toujours. Mes *Tizamis* représentent des relais, notre lien, ils sont des porte-bonheurs.

Je suis heureuse de vous avoir tous connus ou reconnus. Je confie ma famille et mon histoire à tous ceux qui souhaiteront nous tendre la main. J'ai de si belles ailes, plus belles que celles des libellules. Nous restons en contact et je vous dis à très vite ! »

Depuis ce jour, Élise m'accompagne parfois dans ma vie, elle vient me rendre visite.

Quelques jours après son décès, alors que je pensais à elle, une hirondelle a plané longuement autour de moi dans mon jardin, ce qui n'arrive jamais.

En mars 2020, je suis allée assister à un spectacle avec mon mari Christophe, et en attendant que la représentation commence, je pianotais sur mon téléphone sans vraiment prêter attention aux chansons que la régie faisait passer afin de nous faire patienter, jusqu'à ce que j'entende : « si je vous gêne, ben c'est la même ». Je suis restée interloquée et j'ai prêté l'oreille. Aussitôt, les larmes me sont venues : j'entendais pour la première fois la chanson d'Élise, sauf que ce n'était pas elle qui chantait. Mais alors, cette chanson existait vraiment ? Je croyais que c'était une chanson qu'elle avait inventée.

En rentrant chez moi, j'ai cherché sur YouTube et je suis tombée sur Gims et Vianney *la même*. Je découvris donc à cette occasion et pour la première fois le clip officiel de la chanson d'Élise à une exception notable : dans sa version, elle avait rajouté : « moi je vous aime ». J'eus la certitude qu'elle était venue me faire un petit coucou. Cela s'est reproduit une autre fois, tandis que je faisais la vaisselle : j'ai de nouveau entendu sa chanson sans qu'elle soit sélectionnée dans ma playlist. Ces petits clins d'œil d'Élise m'ont énormément touchée.

Je sais que les personnes décédées peuvent utiliser la fréquence des chansons pour nous envoyer un message ou bien, tout simplement, pour nous dire qu'elles pensent à nous. Parfois le message peut être contenu dans les paroles de la chanson. Mais il peut aussi s'agir d'une musique que la personne décédée aimait écouter, ou que vous écoutiez ensemble. Lorsqu'un tel fait survient, cela veut dire que la personne décédée est à nos côtés. Je vous encourage à être attentifs aux chansons que vous pouvez entendre à la radio, dans les magasins, à la télévision, dans la rue, où que vous vous trouviez.

Il y a deux ans environ, je devais prendre une décision très importante et n'avais pas dormi de la nuit. J'étais terrorisée à l'idée de faire le mauvais choix. C'était un samedi matin et, malgré mes préoccupations, je suis partie faire des courses dans un supermarché avec mes enfants. J'étais incapable de me concentrer sur mes achats tant mon esprit était ailleurs. J'ai fini par laisser les enfants remplir le caddie comme ils le souhaitaient. C'est alors qu'une chanson que j'écoutais beaucoup au moment du décès de ma maman est passée sur les ondes de la sono du magasin. C'était la première fois que je l'entendais dans ce supermarché. Instantanément, j'ai su que maman était auprès de moi et qu'il fallait que je me fasse confiance. Cela a été le cas, je n'ai jamais regretté la décision que j'ai prise ensuite.

La même situation s'est reproduite il y a environ un an, et s'est déroulée exactement comme la fois précédente.

Je devais également prendre une décision essentielle et j'avais une fois de plus peur de faire le mauvais choix. Je tournais la question dans tous les sens lorsque l'heure d'aller chercher les enfants à l'école arriva. Sur le retour, nous nous sommes arrêtés faire quelques courses dans mon supermarché habituel. Quelques secondes après notre arrivée, j'entendis la chanson de Serge Gainsbourg *Elisa*. C'était la seule chanson que ma mère aimait de Gainsbourg et surtout c'était la première fois que je l'entendais dans ce supermarché. Les larmes me montèrent aux yeux. Je me rappelle avoir dit aux enfants qu'il fallait faire vite, car j'avais du mal à cacher mes émotions. J'avais compris, une fois de plus, que maman était là pour me rassurer et que je devais laisser parler mon cœur. J'ai réussi, là encore, à prendre la meilleure décision.

Revenons à notre Élise Princesse Courageuse. Pour raconter son histoire, j'ai écouté en boucle la chanson de Gims-Vianney… Je sentais qu'Élise me portait dans cette écriture et qu'elle était heureuse de ce que j'écrivais. Mais, dès le lendemain matin, le doute s'est insinué en moi, j'avais besoin de relire mon texte pour me rassurer. Avant d'allumer mon ordinateur, je décidai de passer en mode lecture sur mon téléphone l'album des Enfoirés 2019 que j'avais téléchargé la veille et que je n'avais pas encore eu le temps d'écouter. Au moment où j'ouvris le texte d'Élise, j'entendis « sa chanson », ignorant complètement que les Enfoirés l'avaient reprise.
Quel merveilleux signe, merci Élise ! À nouveau, mes yeux se remplirent de larmes.

Ainsi, depuis l'Au-delà, Élise trouve encore le moyen de faire parler de ses *Tizamis* car, malheureusement, son combat est toujours d'actualité et chaque jour des enfants meurent du cancer.

Elle s'appelait Élise Princesse Courageuse. Elle voulait changer le monde avec ses Tizamis ! Elle compte désormais sur nous tous et nous envoie une brassée de baisers volants.

Désormais Élise est **Guide de Lumière**, mais j'ignore ce que cela signifie pour les humains. Il existe des métiers inconnus sur Terre…

Pour soutenir Élise Princesse Courageuse : *https://eliseprincessecourageuse.fr*

2 — Le remords d'une vie

Un matin, en consultant ma messagerie, je découvre le message de Patricia :
« Bonjour Anne-Hélène, deux de mes amies m'ont parlé de vous. L'une d'elles m'a offert votre livre. J'ai décidé de me lancer et de vous rencontrer. En décembre 2001, j'ai vécu le drame de ma vie en interrompant une grossesse pourtant désirée depuis des années. Depuis, je ne suis plus la même, je me prive de tout ce qui pourrait me faire du bien. Culpabilité ! Si vous êtes d'accord, je voudrais un rendez-vous. Rien ne presse, je ne suis plus à quelques mois près. Vous pouvez me joindre sur Messenger ou sur mon numéro de téléphone, le 7……... J'ai une grande disponibilité, car je ne travaille plus. »

J'ai ressenti tant de tristesse et de détresse dans ce message que, très rapidement j'ai donné rendez-vous à cette dame.

Un lundi matin, j'ai vu arriver une petite dame, blonde, fragile, qui tremblait de la tête aux pieds. Je suis très souvent surprise, de voir l'état émotionnel des personnes qui viennent me consulter. En effet, certaines personnes m'expliquent qu'elles n'ont pas dormi la veille de notre rencontre, d'autres ont très peur de ce que je vais pouvoir leur dire. Pourtant, je vous assure que je fais mon maximum pour être aimante et rassurante.

Elle tenait dans ses mains une espèce de grosse pelote de laines multicolores, il y avait du bleu, du jaune et du vert. Cela m'a interpellée, je me suis demandé ce que ça pouvait être. Aussitôt elle me prévient :

— Bonjour Anne-Hélène, si ça ne vous dérange pas, j'ai apporté avec moi un petit oiseau qui est tombé du nid ce week-end et dont je dois m'occuper. Alors, peut-être faudra-t-il que je lui donne à manger pendant la séance.

Cette situation me met mal à l'aise. En effet, quand j'ai la chance d'établir une communication, c'est très furtif, je peux vite en perdre le fil. Cela me demande énormément de concentration et d'énergie. Quand je suis en consultation, je ne réponds pas aux appels sur mon téléphone qui est sur silencieux, sauf s'il s'agit d'un de mes enfants. Alors je me vois mal dire à mes Anges ou au défunt présent :

— Allo l'Au-delà ? Alors attendez, ne quittez pas, on met sur pause, Pioupiou a faim, d'accord ? Et on reprend après. Compris ?

C'est vraiment précieux une communication avec l'Au-delà. Mais je la sens tellement mal, tellement émotive, que je ne veux pas la mettre mal à l'aise donc je lui réponds :

— Ne vous inquiétez pas, ce n'est pas grave, on s'occupera de Pioupiou s'il a faim, allez-y, entrez.

Je jette un coup d'œil au petit oiseau, il est minuscule, il dort, il est trop mignon. Par télépathie, je demande à mes Anges de faire en sorte qu'il ne se réveille pas pendant la séance.

Je ne sais pas si ça marchera, mais bon, je croise les doigts. À peine assise et Pioupiou posé par terre, elle se met à pleurer.

— Je viens vous voir pour que vous m'aidiez. Voilà, avec mon mari, on a fait six FIV, pour que je puisse être enceinte, six FIV ! C'était il y a vingt ans et, quand ça a enfin réussi et que je suis tombée enceinte, j'ai avorté alors que c'était le plus beau moment de ma vie.

Je vais très mal, j'ai perdu le goût de vivre, je ne travaille plus et mon mari ne me supporte plus. Maintenant, il me crie dessus en me disant qu'il en a marre, qu'il est vivant et qu'il aimerait avoir une femme vivante à ses côtés. Mais je n'y arrive pas, je n'ai plus envie de vivre.

Je ne fais rien de mes journées, je m'occupe des animaux que je trouve dans la rue ou dans la nature ; finalement, je suis plus à l'aise avec les animaux qu'avec les humains.

Je suis très surprise d'apprendre qu'elle a avorté après avoir fait six FIV... Je ne comprends pas, mais j'attends qu'elle poursuive. Tout en pleurant, elle continue :

— En fait, à six mois de grossesse, les docteurs m'ont annoncé que mon bébé avait un gros problème cardiaque, qu'il devrait être opéré à cœur ouvert plusieurs fois. Son espérance de vie était très faible. Alors, avec mon mari, on s'est dit qu'on n'y arriverait pas, qu'on ne supporterait pas d'accompagner un enfant malade et on s'est décidés pour l'avortement. Mais, depuis, je suis une morte vivante. Je me prive de tout, je m'interdis d'être heureuse. J'ai suivi des psychothérapies mais rien ne m'aide. J'ai même pensé à passer à l'acte pour partir rejoindre mon bébé.

Son récit me bouleverse. Je trouve cela tellement injuste pour ce couple qui, après tant d'épreuves, avait enfin réussi à concevoir un bébé, malheureusement gravement malade. Avec le plus de douceur et d'empathie possibles, je lui explique :
— Je comprends, je vous ai bien écoutée. Je ne sais pas si je vais y parvenir, mais je vais essayer d'entrer en contact avec votre petit garçon.
— Merci. Il s'appelle Tom.

Comme d'habitude, je ferme les yeux, je respire profondément en appelant à l'aide tous mes gentils Anges du Ciel et de la Terre. C'est ma formule magique... Et presque instantanément je vois un beau jeune homme châtain, d'une vingtaine d'années, se placer à côté de moi. Il s'adresse à moi par télépathie :
— Il faut dire à ma maman que je vais très bien, je suis dans la Lumière et je suis en paix. J'ai compris que, si elle ne m'a pas gardé, ce n'était pas pour son confort personnel. Je sais qu'ils ont pensé en premier à moi avant de prendre

leur décision ; c'est un acte d'Amour qu'ils ont eu envers moi, car ils refusaient que je sois emprisonné dans mon corps.

Patricia n'arrête pas de pleurer.

— C'est vrai qu'on a pensé à lui en premier lorsqu'on a pris cette décision.

Tom me montre une vision, je l'aperçois avec d'autres copains, jouant au foot. Je passe le message à sa maman.

— Ohhh….Comme je suis heureuse, vous ne pouvez pas imaginer le bien que vous me faites, c'est un si beau cadeau pour moi ! C'est justement ce qu'on se disait avec mon mari au moment de prendre notre décision : « À cause de son cœur, il ne pourra jamais jouer au foot ». Nous aurions dû le garder sous cloche. Et nous ne voulions pas de cela pour lui. Alors, il ne m'en veut vraiment pas ?

— Non, il vous aime et vous serez toujours sa maman de la terre. Il souhaiterait que vous vous occupiez de son papa, que vous remettiez de la vie dans la maison. Que vous fassiez des farces à votre mari, comme avant.

— Oh oui, c'est tellement vrai ! Avant tout ça, c'était moi le clown de la famille, maintenant ce n'est plus personne. Merci, Anne-Hélène, vous voyez, le poids que j'avais en moi s'est envolé. Je me sens prête à refaire des projets. Je savais que vous pourriez m'aider.

Je savais que c'était vous qui aviez la solution. Je dois vous avouer que mon mari ne croit pas trop à ces choses-là, mais votre livre, je l'ai mis dans les toilettes et je le pose d'une certaine façon. Lorsque j'y retourne, je vois bien qu'il l'a touché donc, je suis certaine qu'il le lit. De toute manière, il faudra bien que je lui explique la raison de mon changement et mon envie de faire à nouveau des choses. Je vous enverrai un message dès que j'irai mieux. De toute façon, étant donné qu'en ce moment je ne fais vraiment rien, on verra vite la différence !

Patricia m'a serrée très fort dans ses bras avant de repartir avec Pioupiou, son petit oiseau, dans son lit de laines multicolores qui n'a pas réclamé à manger de toute la séance. Merci Pioupiou.

Quelques semaines plus tard, j'ai eu Patricia au téléphone qui m'a confirmé qu'elle avait eu le déclic et qu'elle avait réussi à organiser une grande fête chez elle avec plus de 50 invités ! Un miracle pour elle. Bravo à Patricia !

3 — Une Guerrière nommée Adèle

Adèle venait d'avoir 20 ans lorsqu'elle nous a quittés. Je ne connaissais rien d'elle, pas même son existence, jusqu'à ce 8 mars 2020 où je reçus le message suivant de la part de Sophie, sa maman :

« Bonjour Anne-Hélène,

Votre livre m'a tellement fait du bien… J'ai besoin de savoir comment va ma douce enfant, ma guerrière qui s'est envolée le 10 mars 2019.

Adèle est née le 26 avril 1999, atteinte d'épidermolyse bulleuse dystrophique, manque de collagène, la peau à vif comme un grand brûlé. Les muqueuses étaient atteintes aussi, elle avait des plaies sur tout le corps, les soins très lourds. Ses ongles ont sauté depuis qu'elle était toute petite. Son œsophage s'étant rétréci, seule l'alimentation semi-liquide passait.

Elle a fait très régulièrement des séjours à l'hôpital Necker, on lui a transfusé des poches de fer, de sang, elle a subi plusieurs opérations des dents...

Malgré toutes ses souffrances, elle avait un tempérament extraordinaire, elle ne se plaignait jamais et racontait des blagues sans arrêt... Je me suis toujours occupée d'elle à la maison, depuis son départ je dois tout réapprendre à faire sans elle, c'est très douloureux et difficile. C'est un manque indescriptible !

Adèle a eu trois tumeurs cancéreuses aux pieds (sur des plaies chroniques), trois opérations pour les enlever avec prise de greffe à chaque fois dans la cuisse... Sans anesthésie générale, elle refusait d'être endormie et voulait tout contrôler ! Les chirurgiens ont fait avec. Elle était une véritable guerrière qui discutait au bloc, dents et poings serrés. Comme elle n'était pas anesthésiée, je pouvais la ramener à la maison aussitôt après le bloc. Elle détestait le milieu médical. Je vous laisse imaginer mes craintes et mes angoisses.

Je pourrais vous en écrire des pages, Adèle était vraiment une leçon de vie. Nous étions très fusionnelles.

Fin 2018, Adèle a eu une quatrième tumeur cancéreuse qui est venue se loger derrière son genou, impossible d'opérer, elle évoluait trop vite, un trou de 10 cm s'est formé, nous faisions des soins qui duraient cinq heures, ses plaies du corps se creusaient aussi, c'était atroce pour elle et pour nous. La morphine ne faisait rien, elle pleurait, criait jour et nuit et trouvait malgré tout la force de plaisanter. Nous l'avons gardée auprès de nous, dans sa chambre jusqu'à la fin. Elle aura été consciente jusqu'au bout, elle regardait beaucoup de vidéos sur les médiums, les messages de l'Au-delà... Elle nous a dit qu'elle se manifesterait le plus possible... Et nous avons beaucoup de signes.

Adèle a une grande sœur de 24 ans, Ophélie, infirmière en pédiatrie (pas par hasard), une autre de 14 ans, Yleane, et une dernière de 17 mois Calie, (bébé surprise, qui est arrivé pour m'aider à surmonter cette terrible épreuve). Adèle l'a connue six mois, son bébé d'Amour à elle.

Bientôt un an que je tente de survivre sans ma puce, c'était sa plus grande frayeur de me laisser malheureuse.

Je sais que je ne devrais pas, c'est égoïste de ma part, Adèle tenait une place tellement importante dans notre quotidien, son passage est terminé, et quel passage !!!!

Désolée si je vous écris un roman, je n'en parle à personne, vous m'inspirez tellement la confiance, j'ai l'impression que vous seule me comprenez.

S'il vous plaît, dites-moi si Adèle vient vous voir, pour me parler, vous dire avec qui elle est, ce qu'elle fait... Même si je pense connaître les réponses.

Je vous remercie par avance de me lire et j'espère que vous allez me donner des nouvelles d'Adèle.

Sophie »

Je fus bouleversée à la lecture de ce message. Et, même si nous étions dimanche midi et que nous étions attendus à déjeuner chez des amis, je pris le temps de me connecter aussitôt à Adèle grâce à la magnifique photo d'elle que sa maman venait de m'envoyer.

Adèle ressemble à une actrice de cinéma, elle a de longs cheveux bruns avec de belles boucles, d'immenses yeux gris qui vous transpercent, un teint de porcelaine. Elle est magnifique.

Je la ressentis instantanément dans la Lumière, rayonnante.

Adèle était devenue une fée libre et légère, je la voyais voler. Le fait que je la voie « voler » aura son importance dans l'échange de correspondances avec sa maman.

Je ressentis qu'elle avait le cœur sur la main et qu'elle aidait toutes les personnes autour d'elle.

Elle avait le don d'apporter énormément de réconfort et elle était chargée, avec beaucoup de douceur, de guider toutes les personnes perdues vers la Lumière.

Je transmis ces informations à sa maman qui fut rassurée, car elle avait peur que son chagrin n'entrave le chemin de sa guerrière vers la Lumière.

Effectivement, le malheur et la détresse d'une personne peuvent empêcher l'être aimé de rejoindre la Lumière. Perdre un enfant est certainement l'épreuve la plus difficile à surmonter sur Terre. Comment l'accepter et se résoudre à son départ ? Comment l'aider à rejoindre la Lumière alors que son absence consume tout notre être profond ? Mais cela n'a pas été le cas pour Adèle qui, immédiatement, réussit à rejoindre la Lumière et son grand-père.

Après son décès, Adèle respecta la parole qu'elle avait donnée à sa famille et envoya de nombreux signes extraordinaires aux siens.

Je souhaite ici lui rendre hommage en partageant avec vous, non seulement quelques signes probants qu'elle réussit à faire parvenir à sa famille, mais également de quelle manière elle vint, un jour, me soutenir lors d'un examen médical.

Le lendemain du décès d'Adèle, Sophie, son mari et leurs trois filles étaient rassemblés dans le salon. C'était le soir, ils étaient tous assis tristement sur le canapé. C'est alors que Calie, la petite sœur d'Adèle, qui avait alors à peine six mois, se mit à répéter « vole, vole, vole ». Choqués, ils se regardèrent, les larmes aux yeux. Ce furent les tout premiers mots que Calie prononça, et qu'elle ne répéta plus jamais par la suite. Les enfants ont plus de facilité que les adultes à percevoir l'Au-delà parce que leur mental n'a pas encore besoin de tout rationaliser. Mais surtout, à six mois, un enfant se souvient encore d'où il vient sans en avoir peur. Tout comme moi, Calie voyait sa sœur voler !

Sophie m'a raconté que les papillons étaient fréquemment présents dans leur vie. Notamment lors de leurs vacances dans le sud, où un papillon blanc est venu chaque matin retrouver Sophie sur la terrasse pendant qu'elle prenait son petit déjeuner. Un autre les avait suivis sur plus d'un kilomètre lors d'une balade pédestre. Sophie savait que ces signes venaient d'Adèle, car sa maladie était apparentée à la fragilité des ailes du papillon.

Un matin, le téléphone fixe de la maison sonna et Calie alla le chercher pour le rapporter à sa maman. Quand Sophie vérifia l'identité de l'appelant, elle vit s'afficher le prénom « d'Adèle ». (Sa maman n'avait pas effacé le numéro de téléphone d'Adèle sur le répertoire).

Le téléphone entre les mains de Sophie cessa immédiatement de sonner et s'éteignit, car la batterie s'était complètement déchargée.

Comment expliquer que son prénom soit apparu sur le téléphone sinon parce qu'il s'agissait d'un signe ? Un tel acte de la part d'un défunt exige une importante quantité d'énergie, ce qui explique que le téléphone se soit complètement déchargé. En effet, un défunt utilise l'énergie qu'il trouve sur Terre comme vecteur pour se manifester, telle que l'électricité.

Par contre, une âme errante qui n'a pas trouvé la Lumière, se nourrit de l'énergie des humains en absorbant leur énergie vitale, ce qui peut engendrer de nombreuses dépressions ou juste un manque de joie de vivre.

Une autre fois, Sophie partit faire quelques courses à une trentaine de kilomètres de son domicile et laissa sa fille, Yléane, 14 ans, seule à la maison. Peu de temps après, cette dernière, paniquée, appela sa maman en lui criant qu'elle avait très peur, car le camion trotteur de Calie s'était mis pour la quatrième fois à fonctionner tout seul.

Ce genre d'expérience est aussi arrivée à l'une de mes amies qui avait perdu son petit garçon. En effet, le jouet de la petite sœur qui est née après le décès de son grand frère, se mettait tout seul en marche et ce, même la nuit. Je puis vous assurer que cela fait un drôle d'effet.

Un autre jour où Sophie n'avait pas le moral tant Adèle lui manquait, elle décida de partir faire un tour en voiture, le cœur lourd de chagrin. Elle alluma la radio et, surprise, elle entendit la chanteuse Adèle qui chantait à ce moment précis : « Hello it's me ». Ses larmes se mirent à couler et c'est à ce moment qu'elle reçut un SMS du restaurant préféré d'Adèle qui offrait 10 € de réduction.

Plus tard, tandis que Sophie échangeait sur Messenger avec sa fille aînée, Ophélie, cette dernière constata que le compte d'Adèle était connecté. Effectivement, Sophie cliqua sur la dernière conversation qu'elle avait eue avec Adèle avant son décès et le petit point vert indiquant qu'elle était connectée était allumé. Or, personne ne connaît le mot de passe d'Adèle. Incroyable, non ?

De même, Sophie offrit à Ophélie trois roses pour ses 25 ans comme symbole de ses trois sœurs. Quand les roses se fanèrent, cette dernière ne les jeta pas à la poubelle, mais les garda pour les faire sécher. Au bout de quelques jours, alors que les roses étaient complètement flétries et sans eau, un bouton de rose vint à éclore ! J'ai reçu par Messenger la photo des roses, qui m'a impressionnée.

Sophie m'a conté encore de nombreuses anecdotes. Je trouve tellement extraordinaires l'énergie et l'Amour qu'Adèle génère pour prouver sa présence et la survivance de son âme à sa famille.

Le lendemain de cet échange avec Sophie, je devais subir un examen à l'hôpital. Cet examen aurait dû avoir lieu depuis déjà quelques années, mais l'idée de consulter un médecin et de me rendre à l'hôpital me terrorisait tellement que j'avais attendu l'inévitable transfusion de trois poches de sang pour, enfin, décider et accepter de me faire soigner.

Me voici donc seule sur un brancard, attendant mon passage au bloc, au milieu d'une grande pièce impersonnelle où le personnel hospitalier entrait et sortait avec de nombreux autres brancards. Personne ne me parlait, j'étais terrorisée et mes larmes coulaient toutes seules le long de mes joues sans même un mouchoir pour m'essuyer... J'avais honte et m'en voulais d'avoir un tel comportement de petite fille. J'ai appelé à l'aide tous mes gentils Anges du Ciel et de la Terre et, pour me donner de la force, j'ai pensé au courage d'Adèle. Les échanges de la veille avec sa maman étaient encore tout frais dans mon esprit, mais mes larmes étaient incontrôlables et je tremblais de peur et de froid. (Je ne sais pas comment on peut laisser des patients à moitié nus dans une salle glacée par la climatisation.) Je m'adressai alors à Adèle et lui demandai pardon pour mon manque de vaillance. Adèle me fit le cadeau d'apparaître à mes côtés. Elle flottait avec beaucoup de dynamisme autour de moi. Grâce à son attitude espiègle et à sa présence, elle réussit à me faire rire et la boule d'angoisse que j'avais dans le ventre disparut complètement. Elle était si enjouée, si rassurante ! Très décontractée, elle me dit de ne pas bouger tandis qu'elle partirait faire un tour au bloc pour voir comment les choses se passaient. Je souris, car même, si je l'avais souhaité, je n'aurais pas eu la capacité de bouger. Au bout de quelques secondes, elle revint vers moi en me disant : « Ne t'inquiète pas, c'est cool, tout se passera bien. »

Elle resta à mes côtés jusqu'à ce que les infirmiers viennent me chercher. Je me sentis plus apaisée en pénétrant dans le bloc où je m'endormis instantanément. Merci de tout mon cœur, Adèle.

4 — Auréa et son chien Shadow

Valérie, habitante de Cognet, petit village non loin de Grenoble, me fit parvenir un message le 26 avril 2020. Elle avait visionné quelques-unes de mes vidéos sur YouTube et aurait aimé avoir des contacts avec sa fille Auréa, décédée à l'âge de 15 ans. Elle était certaine que c'était elle qui l'avait guidée jusqu'à moi. Elle m'envoya sa photo.

Je fus bien évidemment bouleversée par le décès de cette adolescente, car, naturellement très proche de mes propres enfants, je ne pus m'empêcher d'effectuer un parallèle avec son histoire. Comment surmonterais-je le deuil de l'un de mes enfants ? Je fermai les yeux pour m'imprégner de l'énergie d'Auréa que je réussis à capter au travers de sa photo.

Je visualisai une jeune fille dynamique, en paix et dans la Lumière, le cœur sur la main, rendant énormément de services autour d'elle. Je pus ressentir l'Amour infini qu'elle portait à ses parents et qui perdurait dans l'Au-delà. Je la sentis rayonnante d'Amour et de générosité. Auréa me fit dire qu'elle avait déjà envoyé de nombreux signes à ses parents et que, pour elle, sa complicité avec eux ne s'était pas éteinte après son décès. Auréa me confia qu'elle n'aurait jamais pu rêver d'une meilleure maman que

Valérie. Elle ajouta que sa mère était toujours une merveilleuse maman et que leurs liens à toutes deux ne s'étaient pas rompus. Auréa insista, me répétant à plusieurs reprises qu'elle aimait sa maman, qu'elle la protégeait, et qu'elle veillait sur sa famille. Valérie me confirma qu'avec son mari, Paul, ils avaient reçu de nombreux signes de la présence de leur puce.

Auréa me demanda d'écrire son histoire, j'en fis part à sa maman, qui accepta avec joie. Elle me dit qu'elle aussi était en train de finir l'écriture d'un livre retraçant leurs souvenirs. Elle me proposa de me l'envoyer quand il serait terminé. Et c'est ce qu'elle fit. Je le reçus par la poste quelques semaines plus tard. Je fus bouleversée par sa lecture. Je vais vous en faire un court résumé. Ce livre n'est pas en vente, Valérie le fit imprimer seulement pour sa famille et elle-même.

À l'âge de 30 ans, Valérie rencontra l'homme de sa vie, Paul, et sut que ce serait avec lui qu'elle fonderait une famille. À l'âge de 33 ans, son rêve se réalisa puisqu'une petite fille aux yeux bleus naquit, Auréa.

Auréa grandit dans une famille aimante et bienveillante. Auréa adorait l'école et faisait l'unanimité dans le milieu enseignant ; elle avait également de merveilleux amis.

Et puis Auréa tomba amoureuse. Pour la première fois de sa vie avec S, elle échangea son premier baiser, sa première galoche, comme elle l'écrivit dans son journal intime. Contre le rebord de la piscine, il lui murmura « je t'aime. » Mais ce premier Amour fut éphémère tant à ce jeune âge les sentiments sont friables. La vie continua pour Auréa et, très vite, avec sa famille, ils partirent adopter un chiot border collie de deux mois, Shadow ainsi qu'une petite chatte, Nayä, qui avait été abandonnée avec sa fratrie devant le banc de la chapelle du village. Comment pouvait-on faire une chose pareille ? s'interrogeait-elle.

Ce matin du 23 janvier, il était temps de se lever, la journée de Valérie allait être bien remplie : elle avait une formation jusqu'à 16h puis enchainerait, à partir de 16h30, une réunion de bénévolat. Comme tous les matins, elles échangèrent toutes deux un câlin avant de se séparer pour la journée.

La journée passa rapidement et Valérie termina comme prévu sa formation à 16h15. En rentrant à la maison à 17h30, le sac de cours d'Auréa était posé sur la table de la salle à manger, mais il n'y avait personne et le chien, tout comme sa laisse, n'étaient pas là non plus. Valérie avait essayé de joindre Auréa par téléphone avant sa réunion, mais cette dernière n'avait pas répondu.

Au fond d'elle-même, Valérie eut le pressentiment qu'il était arrivé quelque chose à sa fille.

Sur les conseils de son mari encore au travail, Valérie prévint la gendarmerie. Très vite, gendarmes, famille, amis se joignirent à des recherches qui ne donnèrent aucun résultat. Un hélicoptère vola en permanence pour tenter de la retrouver, car le portable d'Auréa signalait sa position dans un rayon de 4 km. Valérie se sentait comme hypnotisée par le désespoir, elle n'arrivait pas à croire ce qui se passait, elle se dit qu'elle vivait un cauchemar dont elle allait se réveiller. La nuit semblait interminable ; fort heureusement, elle et son mari n'étaient pas seuls, leur famille et leurs amis étaient présents.

Vers dix heures du matin, un gendarme demanda à Paul et Valérie de se rendre à la gendarmerie pour faire le point. En arrivant sur place, un gendarme leur annonça qu'ils avaient retrouvé une jeune fille et un chien au rocher de Cognet. L'espace de quelques secondes, Paul et Valérie reprirent Espoir, mais ce dernier leur annonça froidement que la jeune fille, non encore identifiée, était décédée, tandis que le chien, malgré une patte arrière complètement explosée, se trouvait encore en vie et venait d'être conduit chez un vétérinaire.

À ce moment précis, la terre se déroba sous Valérie et Paul. Quelle violence ! Ils comprirent en un instant qu'il s'agissait bien d'Auréa. Aucune autre jeune fille n'avait disparu la nuit précédente avec un chien. En une fraction de seconde, toute leur vie venait de s'écrouler.

Que s'était-il réellement passé ? L'autopsie révéla qu'Auréa avait glissé et était tombée en arrière recevant alors un choc violent à la tête. Selon le médecin légiste, elle était morte sur le coup à 16h32 le 23 janvier 2014. Elle n'aurait pas été poussée et aucune trace de violence n'apparaissait sur son corps.

Le jour de l'enterrement, environ 1200 personnes furent présentes pour venir dire au revoir à Auréa. Il fallut ouvrir cinq registres de condoléances pour que tout le monde puisse avoir la place d'écrire un mot. Autour du cercueil d'Auréa, de nombreuses bougies en forme de cœur étaient allumées en dessous d'un magnifique portrait d'elle. L'église était remplie de fleurs pour elle qui les aimait tant.

Un mois après ce terrible accident, le vétérinaire appela Valérie et Paul : Shadow pouvait enfin rentrer chez lui. Ces derniers ne l'avaient pas revu depuis ce jour du 23 janvier.

En arrivant chez le vétérinaire, un fait incroyable se produisit que le vétérinaire n'avait jamais vécu !

Shadow regarda Valérie et Paul droit dans les yeux, il n'aboya pas comme à son habitude, ne gémit pas, mais il se mit à japper comme s'il parlait d'une certaine façon, tandis que des larmes perlaient de ses yeux. Le vétérinaire, qui n'avait jamais entendu un chien s'exprimer de cette façon de toute sa longue carrière, leur fit signe de ne plus bouger mais, simplement, de l'écouter.

Pendant une dizaine de minutes, Shadow tenta de raconter ce qui s'était passé ce jour-là. Valérie et Paul en furent sidérés, ils ne bougèrent pas d'un millimètre durant tout ce temps. Ils écoutèrent attentivement Shadow, ce fut vraiment incroyable !

Enfin, Shadow se tut.

Ils se mirent alors à l'embrasser avec frénésie pour lui montrer combien ils l'aimaient et étaient là pour lui, ce chien qu'ils n'avaient pas oublié. Même le vétérinaire versa des larmes de surprise et d'émotion mêlées. Ce moment se retrouva gravé à tout jamais dans leurs mémoires.

Nayä, la petite minette fut très heureuse de retrouver son compagnon de jeu. À partir de ce jour et très régulièrement, Paul et Valérie se rendirent au cimetière, accompagnés de Shadow et de Nayä. Quel surprenant cortège pour les personnes croisant leur chemin !

Au bout de quatre mois, Paul et Valérie purent récupérer le téléphone portable d'Auréa, lequel, étrangement, fonctionnait encore. Ainsi purent-ils visionner les dernières photos prises par leur fille. Et c'est grâce à ces photos qu'ils comprirent ce qui lui était arrivé. C'est en voulant réaliser un selfie qu'elle tomba en arrière dans le vide. Elle avait donc vraiment glissé, un accident tout bête, une imprudence qui lui aura coûté la vie. Le chien, bien que tout jeune, en assistant à la chute de sa petite maîtresse, avait cherché à la rejoindre et avait glissé à son tour.

Auréa tenait très certainement son portable dans sa main au moment de sa chute, portable qu'elle aura lâché en heurtant le sol. C'est sans doute la raison pour laquelle il ne fut ni abîmé, ni cassé. On peut penser que c'est là le récit que Shadow fit de cette histoire chez le vétérinaire.

L'histoire d'Auréa, de ses parents et de son chien Shadow, restera profondément gravée en moi et je suis heureuse aujourd'hui de pouvoir rendre hommage à cette jeune fille qui fut décrite dans les nombreux témoignages que j'ai pu lire dans le livre, comme étant un Ange sur la Terre.

5 — Christopher, courageux petit bonhomme

Je m'appelle Christopher, je suis un beau jeune homme, et je vis dans l'Au-delà. J'aime explorer ce monde que vous ne connaissez pas. Il n'y a ni distance ni limite et la nature qui m'entoure est infinie. Je flotte et je peux passer d'une dimension à une autre. Je suis serein, en paix et, aujourd'hui, par l'intermédiaire d'Anne–Hélène, je viens vous raconter mon histoire terrestre.

J'ai choisi la famille qui serait la plus apte à m'accueillir et me permettre de vivre les cartes expériences que j'avais choisies, en particulier, je suis venu apprendre la notion d'abnégation. Je me suis incarné sur terre le 5 mars 1993.

À l'âge de trois ans, les médecins m'ont diagnostiqué la maladie de Hunter qui est une maladie rare dégénérative pour laquelle il n'existe aucun traitement. Le gène se transmet de mère en fils, mais les filles peuvent en être porteuses sans être malades.

Mon papa biologique a quitté ma maman à l'annonce de ma maladie. J'ai été élevé par ma maman Juliette, son nouveau mari Jean-Baptiste, ma sœur Vaitiaré et, pendant quelque temps, par mes grands-parents. Je représentais une source importante de problèmes pour toute ma famille. Il faut dire que les humains ne sont jamais préparés à devoir prendre soin d'un enfant malade. L'Amour de soi ou l'attention à l'autre ne s'apprennent pas dans les livres. Aucun parent n'est préparé à vivre ce genre de situation. Moi-même j'étais prisonnier de mon corps, mais, dans mon cœur, j'avais comme une pierre qui scintillait et me rendait joyeux. J'adorais la mer, les bateaux et... faire des bêtises. À l'âge de cinq ans, je partis avec ma maman à l'hôpital Necker, à Paris, où les médecins lui annoncèrent que mon espérance de vie ne dépasserait pas mes neuf ans. Quel coup dur pour ma famille !

J'ai été choyé, ils ont tous pris soin de moi comme ils ont pu et ont toujours fait en sorte que je profite pleinement de ma vie de petit garçon.

À l'âge de sept ans, je ne pouvais plus ni parler ni marcher. Mon fauteuil roulant est devenu mon rempart, mais, malgré cela, je gardais mon sourire malicieux et ma joie de vivre. Ce moment fut un choc pour ma maman qui développa un déni de mon état, assorti d'une profonde dépression. Elle n'arrivait plus à concilier son travail, ses enfants avec mes soins. Elle avait honte de ne plus réussir à s'occuper de moi, ni à me regarder en face. Mes grands-parents lui proposèrent alors que je parte vivre chez eux à Tahiti, sur l'île de Rangiroa. Là, je fus dorloté et aimé. Un an plus tard ma maman, rongée par la culpabilité de m'avoir abandonné, me fit revenir en Nouvelle-Calédonie. Nous emménageâmes dans une belle maison à la campagne, ma chambre fut médicalisée et des infirmiers vinrent me donner des soins à domicile.

Je fus équipé d'une sonde dans le nez pour pouvoir être alimenté, c'était très douloureux. À ce moment-là, j'aurais aimé pouvoir rassurer ma famille, lui dire que j'étais désolé, mais qu'en même temps j'étais tout autant qu'eux prisonnier de cette situation. Je me sentais tellement impuissant.

Je m'accrochai à la vie, je m'accrochai à ma famille. Je voulais les protéger, ne pas leur faire de peine et j'aurais souhaité être tellement plus léger pour leur montrer à quel point je les aimais. Je ressentais une reconnaissance infinie pour leur dévouement envers moi.

La maladie gagna du terrain et je dus être hospitalisé à de nombreuses reprises. Toutefois, j'avais réussi à déjouer les pronostics des médecins puisque je venais de fêter mes treize ans.

Lors d'une nouvelle hospitalisation, ma maman consulta un psychiatre qui connaissait bien la maladie de Hunter. Ce dernier lui expliqua que je ne partirais pas tant qu'elle ne m'en donnerait pas l'autorisation ! Il est vrai que je m'accrochais tant bien que mal à la vie pour ne pas la décevoir. Mais, pour ma mère, c'était impossible ; quel genre de mère pourrait autoriser son enfant à mourir ? Ce fut un moment horrible pour elle qui, dans le même temps, souhaitait tant que mes souffrances cessent. Les mots du psychiatre s'imprimèrent en elle et elle rassembla tout son courage et toute sa force pour me parler et me donner l'autorisation de me libérer. Ces mots me tranquillisèrent et m'apaisèrent. Il me restait à choisir le meilleur moment pour partir.

Pourtant je sentais bien que, dans son cœur de maman, ce n'était pas aussi facile que cela. Alors, j'attendis deux jours de plus qu'elle rentre se reposer une nuit à la maison en me confiant alors à ma grande sœur Vaitiaré âgée de vingt et un ans. Je me suis envolé auprès d'elle en toute confiance ce 24 mars 2006 à 7 h 30 du matin.

Aucune des deux n'avait imaginé que je partirais aussi vite. Malheureusement, je n'avais pas pressenti que maman aurait le cœur brisé de ne pas être arrivée à temps pour me dire au revoir et me redire combien qu'elle m'aimait. De même, je ne mesurais pas la lourde culpabilité que j'infligeais à Vaitiaré qui pensa alors qu'elle n'avait pas su me prodiguer les soins nécessaires pour me garder un peu plus longtemps en vie.

De quels moyens disposais-je pour pouvoir les rassurer ? De quelle manière les prévenir que j'allais bien, que j'étais en paix et serein. Comment leur prouver qu'en m'autorisant à partir, elles m'avaient offert le plus beau cadeau d'Amour qu'une maman et une grande sœur pouvaient faire à son fils, à son petit frère ?

Comment leur expliquer qu'une personne en fin de vie choisit la personne auprès de laquelle elle souhaite prendre son envol ?

Il arrive que l'intensité du chagrin de nos accompagnants puisse nous empêcher de rejoindre la Lumière. Lorsqu'un accompagnant ne se résigne pas à laisser partir la personne qui arrive à la fin de sa vie, son chagrin, sa tristesse créent un brouillard opaque entre notre monde et l'Au-delà. La connexion n'arrive pas s'établir et la personne qui est pourtant prête à quitter notre terre ne peut pas partir. Mais lorsque l'accompagnant s'absente, le brouillard se dissipe et, depuis l'Au-delà, les Anges et les personnes décédées peuvent venir la chercher.

C'est ainsi qu'une personne au seuil de la mort peut s'éteindre en toute quiétude si elle a, à ses côtés, quelqu'un qui ne la retient pas, mais qui, bien au contraire, l'autorise en toute conscience à partir.

Je me permets d'insister sur ce point : le plus beau cadeau que vous puissiez faire à une personne en fin de vie est de l'autoriser à partir en paix et en toute sérénité.

C'est une preuve d'Amour sincère puisque vous ne voulez, à ce moment précis, que le meilleur pour elle.

Pour aider une personne à partir, vous pouvez lui parler tout doucement, car, même si cette personne ne parle plus elle-même, soyez certain qu'elle vous entendra.

Vous pouvez l'assurer que, dans l'Au-delà, elle sera bien et ne souffrira plus, qu'elle retrouvera toutes les personnes qu'elle a aimées et sera entourée de beaucoup d'Amour et de Lumière. Il faut la rassurer en lui disant que vous ne lui en voulez pas de partir.

Treize longues années s'écoulèrent depuis mon envol. Ma maman et ma sœur gardaient au fond d'elles-mêmes un poids destructeur et dévastateur.

Et puis, en 2019, maman prit sa retraite et décida qu'il était temps de prendre soin d'elle-même. Elle prit rendez-vous pour une séance de réflexologie plantaire chez Isabelle Pantz. Isabelle est une professionnelle compétente, sensible, à l'écoute de ses patients et qui a un don pour la psychologie. Elle agit sur le corps, notamment, au niveau des pieds, pour tenter de libérer les émotions de ses patients. C'est ainsi que ma mère, lors de son rendez-vous avec elle, lui confia que, depuis mon départ, treize ans auparavant, elle était rongée par une boule d'angoisse qui se situait au niveau du plexus solaire. Est-ce que j'étais dans la Lumière ? Est-ce que j'allais bien ? Est-ce que je lui en voulais de son comportement ? Toutes ces questions tournaient en boucle dans sa tête sans jamais trouver de réponse.

Isabelle était exactement la personne que ma mère devait rencontrer, car l'une de ses amies était Anne-Hélène Gramignano qui, elle, pouvait me capter.
Nous, les défunts, choisissons les médiums avec lesquels nous souhaitons communiquer. La rencontre d'Isabelle avec maman n'est pas le fruit du hasard, il s'agit d'une très belle synchronicité, organisée par l'Univers bien avant que les événements ne se produisent. Il n'y a pas de hasard, chaque rencontre, chaque événement sont magnifiquement orchestrés, comme une partition de musique, par l'invisible, et c'est ce qui leur apporte cette dimension miraculeuse.

Isabelle écouta attentivement ma maman et effectua le soin prévu avec tout son Amour. En fin de séance, elle lui conseilla de se procurer le livre, *l'Infini Espoir* et lui parla de son amie, Anne-Hélène, qui communiquait avec les défunts.

Bien que sceptique, mais néanmoins curieuse, ma maman fit des recherches sur les réseaux sociaux et regarda l'une de ses interviews.

Quelques semaines plus tard, le deuxième rendez-vous de réflexologie plantaire avec Isabelle eut lieu. Cette dernière apprit à ma mère que, le samedi suivant, c'est-à-dire le 14 décembre, avait lieu une séance de dédicaces avec Anne-Hélène. Ma mère décida de s'y rendre. Elle prit place dans la file d'attente et, quand ce fut son tour, s'assit devant elle, fébrile et pleine d'émotion.

À ce moment de l'histoire, je laisse le soin à Anne-Hélène de poursuivre.

En tant que médium, je fus touchée par la détresse de Juliette. En plongeant mes yeux dans les siens, je compris qu'il était important que je la reçoive rapidement. Je ressentis sa douleur et sa détresse de maman. J'aurais souhaité la recevoir le 24 décembre, mais je n'avais plus de place à cette date alors je lui donnai rendez-vous le 26 décembre. Christopher n'aurait qu'une journée de retard avant de pouvoir offrir son cadeau de Noël à sa maman…

Juliette s'installa, angoissée et peinée, dans mon petit bureau. Elle prit le temps de me raconter le calvaire de Christopher, le calvaire de toute une famille. Elle me montra quelques photos de lui. Je fermai les yeux et vis ce beau jeune homme. Je ressentis sa grandeur d'âme, sa sérénité et sa toute-puissance. Comme la grande majorité des enfants décédés avec qui j'ai pu entrer en communication, Christopher avait pour mission d'aider les âmes, de les consoler dans l'Au-delà. Je réussis à passer ce message à Juliette qui n'arrêtait pas de pleurer. Quelle fierté pour elle qui avait perdu tout Espoir.

Christopher put enfin dire à sa maman à quel point il était fier d'elle. Il lui confirma qu'il l'avait choisie pour être sa maman sur la Terre et savait qu'elle aurait la force et le courage nécessaires pour s'en sortir.

Juliette m'avoua que ces paroles de Christopher l'avaient touchée et émue profondément. La boule d'angoisse qu'elle avait au niveau de son plexus solaire depuis toutes ces années venait de s'envoler. Elle m'expliqua que certaines personnes de sa famille lui avaient dit que Dieu lui avait donné un enfant handicapé pour la punir d'être une mauvaise personne. J'étais abasourdie, c'était bien la première fois que j'entendais une remarque aussi absurde et malveillante. Comment peut-on penser, dire et croire à des stupidités pareilles ?

Au cours de notre conversation, Christopher me demanda de préparer une médaille pour sa maman. Il est vrai que, de temps en temps, j'utilise des médailles que j'achète afin de les charger de l'énergie d'Amour d'une personne décédée. Je précise que c'est toujours le défunt qui est à l'origine de cette demande. Pour ce faire, je prends la médaille dans mes mains et je laisse la personne décédée y faire pénétrer ses vibrations à l'intérieur. Christopher expliqua que cette médaille allait donner de la force et du courage à sa maman lorsqu'elle traverserait des moments difficiles.

Puis il me demanda de prendre un papier et me dicta ce petit mot :

« À la plus merveilleuse des mamans, qui est la mienne. Je brille dans ton cœur tout comme tu brilles dans le mien. JE T'AIME CHRISTOPHER »

Juliette repartit, le cœur léger, avec ses cadeaux de Noël.

Le lendemain je reçus un message de Juliette :
« Bonjour Anne–Hélène, je voudrais te dire un grand merci pour notre rendez-vous d'hier, j'ai la certitude de pouvoir avancer maintenant avec les beaux messages de Christopher, messages d'Amour et d'Espoir ! Je suis tellement rassurée qu'il ait pu rejoindre la Lumière, qu'il puisse faire son chemin dans l'Au-delà et aussi de savoir ce qu'il est devenu. Hier j'ai tellement pleuré, mais c'étaient des larmes de joie, j'étais épuisée et je n'avais qu'une hâte, c'était d'aller me coucher sereinement et apaisée, enfin ! Il va avoir 27 ans le 5 mars prochain et, même si je ne le vois pas, je peux imaginer maintenant ce jeune homme sans handicap et sans souffrance. Encore un grand Merciiii. »

Quelques mois plus tard, j'envoyai un message à Juliette pour lui demander si elle accepterait que j'écrive son histoire dans mon prochain livre. Voici quelle fut sa réponse :
« Super, je t'encourage, car beaucoup de personnes m'ont vue littéralement changer et m'épanouir, oui j'en serais ravie et honorée. Par ton intermédiaire, Christopher illumine aujourd'hui mes journées, même les plus maussades. »

Quelques semaines plus tard, Juliette m'envoya le témoignage qu'elle avait écrit pour relater notre rencontre.

Quand je reçus son mail, je travaillais au bureau avec mon mari. Je fis une pause et me mis à lire le document qu'elle m'avait adressé. J'étais en larmes, bouleversée. Christophe me regarda bizarrement, ne comprenant pas ce qui m'arrivait. Il ne saisissait pas pourquoi la comptabilité me mettait dans un tel état... J'imprimai le courrier de Juliette et le lui fis lire. Au bout de quelques minutes, lui non plus ne put retenir ses larmes. On avait l'air bien malins tous les deux !

Je contactai Juliette pour lui proposer d'apporter son témoignage lors de mes conférences avec Géraldine. Je ressentis la présence de Christopher, il me disait être heureux que je raconte son histoire ; il était convaincu que cela aiderait d'autres parents et d'autres enfants. Juliette accepta cette invitation et Christopher me confirma la fierté qu'il éprouvait pour sa maman et souhaita que les gens sachent à quel point elle avait été courageuse après tout ce qu'elle avait pu endurer.

Finalement, Juliette ne se sentit pas de lire son témoignage devant les deux cents personnes qui seraient présentes à chacune des trois conférences. Elle eut peur que l'émotion ne la submerge. Ce fut donc Géraldine qui endossa à la perfection le rôle de lectrice. Juliette se plaça à côté d'elle et des photos de Christopher furent projetées sur l'écran derrière elles. Le public fut touché et bouleversé par ce témoignage.

Un peu avant que la conférence n'ait lieu, Juliette me demanda de recevoir Vaitiaré qui ne parvenait pas à se remettre du décès de son frère.

C'est ainsi que je fis la connaissance de la grande sœur de Christopher, alors âgée de trente-cinq ans. Elle arriva, timide, émue et très mal à l'aise. Je fis comme je pus pour la déstresser et la mettre en confiance. Elle m'expliqua la culpabilité qui était la sienne et qu'elle endurait depuis le décès de son frère. Elle ajouta qu'elle était très proche de lui et s'en était énormément occupée. Elle était tellement désolée de ne pas l'avoir correctement surveillé cette nuit-là à l'hôpital, de ne pas lui avoir apporté les soins nécessaires pour qu'il puisse rester en vie. Elle avait le sentiment que sa maman lui en voulait également d'avoir failli à la mission qu'elle lui avait confiée.

Christopher se manifesta avec beaucoup d'Amour. Il s'excusa de ne pas avoir été un frère comme les autres, à savoir le frère idéal qu'une sœur rêverait d'avoir. Il lui dit qu'elle devait maintenant reprendre le pouvoir sur sa vie. Il expliqua que, du fait de la confiance en elle qu'il éprouvait, il l'avait choisie pour l'accompagner dans son dernier souffle. Il la remercia d'avoir été une extraordinaire grande sœur. Je ressentis alors la complicité qu'ils partageaient tous les deux.

Voici le message qu'il me dicta pour elle :

« *Tu es une magnifique luciole avec de très belles ailes. Tout ton corps et ton cœur sont éteints. Nous allons te rallumer avec ton aide pour que tu brilles et que tu redeviennes la plus belle des lucioles. Je t'aime.* »

Vaitiaré repartit chez elle. Juliette me fit un message pour me dire que sa fille se sentait enfin libérée de sa culpabilité et de l'enfermement dans lequel elle était plongée depuis si longtemps.

Vaitiaré montra à sa maman le message que Christopher m'avait dicté pour elle. Juliette fut tellement bouleversée par le terme *luciole* qui apparaissait dans ce message qu'elle décida de m'envoyer dans les jours qui suivirent le poème que Vaitiaré avait écrit après le décès de son frère :

« *À mon frère.*

**Celui qui cherche un frère sans défaut
Reste sans frère !
Petite luciole,
Petite lumière de l'humanité,
J'espère que tu as pris possession d'un monde plus beau,
Un monde plus neuf
Où les enfants sont enfin
Princes des temps,
Où l'Amour s'écoulerait à profusion
Un monde sans barrière.**

Je t'aime très très fort.
Profite maintenant, tu es le plus méritant.

VOLE ! VOLE ! VOLE
ET MOI JE SERAI TOUJOURS LÀ
À TE GUETTER, TOURBILLONNER,
ENCORE ET ENCORE, LES YEUX ÉMERVEILLÉS !

Ta sœur Até
Qui t'aime très, très fort »

Le jour même de notre rencontre, Vaitiaré tomba enceinte alors que cela faisait plusieurs années qu'elle essayait en vain d'avoir un enfant. La rencontre avec Christopher avait eu un effet instantané. Même si Juliette et elle se réjouirent de cette bonne nouvelle, elles eurent aussi très peur que le sexe du bébé soit masculin, car si tel devait être le cas, ce dernier aurait un gros risque d'être atteint de la même maladie que Christopher.

Lorsque j'appris la nouvelle, je me connectai à Christopher, il se borna à m'assurer que tout irait bien.

Aujourd'hui, Christopher est un merveilleux tonton qui depuis l'Au-delà veille sur sa petite nièce qui pointera dans quelques semaines, en avril 2021, le bout de son nez.

Merci la Vie !

6 — Lana, reine des étoiles

Je suis la reine des étoiles, car je suis celle qui brille le plus dans le ciel.

Ma maman confirmera à Anne-Hélène qu'elle l'a bien compris, car, instinctivement, lorsqu'elle regarde les étoiles, elle choisit celle qui brille le plus et m'associe à elle, en me parlant.

Je suis libre, heureuse et je m'occupe d'un magnifique jardin avec des espèces de plantes qui n'existent pas sur Terre. J'ai la main verte, je communique avec elles, elles sont fantastiques. Les plantes s'expriment en diffusant des champs énergétiques colorés. Je vais même vous apprendre que les plantes dansent au rythme de la musique qu'elles créent et dont je suis la cheffe d'orchestre. Quelle magnifique symphonie nous composons !

Mon parcours et ma fin de vie sur Terre furent difficiles au sens humain du terme.

Je m'appelle Lana et je suis née le 24 juillet 2007. À l'âge d'un an, je fus reconnue avec un taux de handicap de 80 %, mais j'eus la chance d'être entourée de parents et d'un grand frère bienveillants. Le mercredi 4 septembre 2019, en avalant de travers, je me suis étouffée et, selon les médecins je n'avais qu'une chance sur deux d'en réchapper.

Mes parents me faisaient confiance, ils étaient persuadés que j'allais survivre. Dans leur cœur, j'étais une battante, une « Warrior ». Mais mes chances de survie s'amenuisèrent. La probabilité que je sois condamnée à rester dans un état végétatif était forte. Ma famille accusa le coup. Après une longue journée passée à me veiller, ma maman n'eut pas le cœur de rentrer à la maison. Ce n'était pas dans ses habitudes de déranger ses amis, mais, ce soir-là, elle avait vraiment besoin de voir du monde. Après leur avoir téléphoné, mon papa et elle furent reçus chez eux. Durant leurs échanges, leur amie informa ma maman qu'au petit matin, en début de semaine, elle était tombée par « hasard » sur une émission télévisée : « Bienvenue dans la bande » sur la chaine Calédonia. Il s'agissait d'une émission sur une femme qui entrait en contact avec des personnes décédées. Elle avait noté le contact Facebook de la dame : *l'Infini Espoir.* Le lendemain après-midi, ma maman se lança et envoya le message suivant à Anne-Hélène :

« Bonjour, le hasard n'existe pas. Mon mari et moi sommes passés chez nos amis qui nous ont parlé de vous. Ma fille de douze ans est en situation de handicap depuis qu'elle s'est étouffée durant son repas à l'IME mercredi dernier. Il en ressort qu'elle est toujours en service de réanimation. Cerveau abîmé à plus de 90 %. Si elle survit, elle restera dans un état végétatif. Ça fait deux jours qu'ils ont arrêté le sédatif et elle ne s'est toujours pas réveillée. Pouvez-vous me contacter svp, merci. »

Quelques minutes plus tard, Anne-Hélène lui demanda son numéro de téléphone. Après quelques secondes, la sonnerie de ma maman retentit. Au bout du fil, une voix douce lui demanda comment elle pouvait l'aider. Maman lui raconta tout ce qui s'était passé depuis le 4 septembre. Anne-Hélène lui demanda alors une photo de moi, afin de, peut-être, pouvoir percevoir quelque chose. Après quelques minutes, la sonnerie retentit de nouveau. Ce dont ma maman se souvient et qui restera gravé dans sa mémoire, ce sont les paroles que j'ai prononcées et qu'Anne-Hélène lui restitua : « oui, effectivement, j'ai un message pour vous. Lana vous aime, elle a une entière confiance en vous, mais elle dit aussi qu'elle a le droit de choisir ». Maman resta silencieuse un petit moment, une douleur à la poitrine l'envahit, elle se mit à pleurer. Elle comprenait ce message. En larmes, elle répondit à Anne-Hélène : « vous vous rendez compte de ce que vous me dites ». Cette dernière ajouta : « c'est vrai, mais ce sont ses mots. Moi aussi, je suis maman et je sais ce que vous pouvez ressentir ».

De nombreux silences de détresse et de gêne s'en suivirent. Puis, Anne-Hélène proposa à ma maman de rester à sa disposition si elle avait besoin de parler.

Après avoir longuement réfléchi, mes parents et mon frère décidèrent d'accepter ma décision. Je ne méritais pas de rester un légume, moi qui aimais tant la vie. Avec beaucoup d'Amour, ils annoncèrent aux médecins que, d'un commun accord, ils demandaient à ce que l'assistance respiratoire, qui aurait sans doute encore pu durer longtemps, cesse.

Ma famille m'accompagna jusqu'à mon dernier souffle puis m'organisa une très belle cérémonie d'enterrement. Je fus tant aimée durant ma vie terrestre que je souhaite les en remercier.

Je sais que le manque est atroce, aussi suis-je venue leur dire, à eux, mais également à toutes les personnes qui ont pu être confrontées à cette douloureuse épreuve :

Une fois dans l'au-delà, nous ne souffrons plus, nous sommes libérés. Nous nous sentons libres et joyeux et nous oublions les évènements tragiques de notre vie terrestre. Nous ne restons pas bloqués sur des moments difficiles ou sur le dernier moment de notre vie, cloués sur un lit d'hôpital.

Nous, défunts, retenons les moments forts, les moments heureux, les moments de partage, d'Amour et de fraternité.

La plupart des humains restent figés sur nos derniers instants, comme c'est dommage ! Pour nous, qui sommes dans la Lumière, il nous est très difficile de savoir que nos êtres aimés restent bloqués sur notre décès ou sur notre longue maladie durant laquelle nous sommes apparus de plus en plus diminués. Certaines personnes nous prennent même en photo sur notre lit de mort ou dans notre cercueil. Pourquoi immortaliser ce moment qui vous rappellera un souvenir douloureux ?

Anne-Hélène a une amie qui conservait dans son téléphone les photos de son mari sur son lit de mort ainsi que dans son cercueil. Il était très important pour elle de pouvoir les regarder quand elle le souhaitait. Quelque temps plus tard, en allant aux toilettes, elle fit tomber dans la cuvette son téléphone qui était dans la poche de son pantalon. Elle n'a jamais compris comment cela avait pu se produire. Et, bien qu'elle l'ait instantanément récupéré, il n'a jamais plus voulu fonctionner. Les dernières photos furent perdues pour toujours. Le mari passa le message suivant à Anne-Hélène : il ne souhaitait pas qu'elle garde ces souvenirs de lui qui ne reflétaient pas ce qu'il avait été sur Terre...

Honorez vos défunts en vous rappelant leurs moments forts, leurs moments de gloire, les moments durant lesquels ils furent les plus heureux sur Terre, vos plus beaux souvenirs avec eux ; mais ne conservez pas les moments tristes, car souvent, en agissant ainsi, vous enfermez les personnes décédées comme des images dans des cadres. Elles ne souhaitent pas que vous gardiez en mémoire ce genre de souvenirs nostalgiques et négatifs. Au contraire, soyez joyeux, dansez la vie !

Souriez et pensez à nous en y mettant le plus d'Amour et le plus de joie possible. Vous pouvez créer ainsi avec nous une très belle relation.

La reine des étoiles, Lana.

CHAPITRE IV

Les Amours d'une Vie

1 — Si...

C'était un samedi matin et, alors que j'étais une fois de plus chaleureusement accueillie dans la librairie Michel-Ange par Nancy et toute son équipe pour une séance de dédicaces, je fis la connaissance d'une jeune femme dynamique et sûre d'elle. Sa maman venait de l'appeler au téléphone pour lui demander de venir la rejoindre ici.

— Géraldine, il faut que tu me rejoignes à la librairie Michel-Ange, il y a une médium qui fait une séance de dédicaces, il faut que tu viennes.

— C'est qui cette médium ? Bon, tu as de la chance, je ne suis pas très loin, je viens te rejoindre, mais je te préviens, s'il y a du monde, je ne patienterai pas.

C'est ainsi que je vis s'asseoir en face de moi cette jeune femme qui me dit en me regardant droit dans les yeux :

— Je n'ai jamais entendu parler de vous, je n'ai pas lu votre livre. Je m'appelle Géraldine, je suis infirmière, passionnée par les soins palliatifs. J'accompagne les personnes en fin de vie et je pense que nous devrions nous rencontrer pour échanger sur nos expériences.

Instantanément, son franc-parler, son authenticité et la sincérité qui se dégageaient d'elle me donnèrent envie d'apprendre à la connaître.

Nous nous retrouvâmes pour déjeuner dans un restaurant afin de faire plus ample connaissance. Au cours de ce repas, nous eûmes le sentiment de nous connaître depuis de nombreuses années. Le courant passa si bien entre nous deux que nous décidâmes de nous lancer dans une série de conférences sur le thème suivant : la mort, comment la vivre ?

Je profite de cet espace pour remercier Géraldine de la confiance qu'elle m'a témoignée, car c'est bien grâce à son impulsion que j'ai réussi à sortir de ma zone de confort en osant prendre la parole lors de trois conférences.

Comme je vous l'ai expliqué dans le chapitre consacré à Johnny, le trac me prenait aux tripes avant chaque conférence. Nous étions le vendredi 2 octobre et dans quelques heures allait avoir lieu la dernière. C'est à ce moment que je reçus un message d'une dame qui s'appelait Lucile :

« Bonjour, je viens en curieuse et concernée par votre conférence de ce soir. Mon conjoint s'est suicidé le 19 août dernier et j'avoue que vivre sans lui, avec notre enfant et les deux miens, est devenu compliqué. Je me sens fragile par instants, j'espère que je trouverai des réponses à mes questions ou à mes peines. Plusieurs amies m'ont encouragée à venir vous rencontrer. Peut-être pourrions-nous convenir d'un rendez-vous ? ».

Je lui répondis que la conférence n'allait pas tarder à commencer et que je n'étais pas vraiment disponible à cet instant précis, mais que j'espérais qu'elle trouverait des réponses le soir même et que je ferais mon maximum pour lui venir en aide par la suite. Cependant, j'éprouvais le besoin de m'assurer immédiatement que son compagnon avait bien rejoint la Lumière, car cela n'est pas toujours évident en cas de suicide. Aussi, je lui demandai de bien vouloir m'envoyer une photo de lui.

Elle m'envoya aussitôt la photo de David. Je vis le visage d'un homme doux, souriant, que je ressentis en paix. J'étais donc rassurée, il n'y avait pas d'urgence à recevoir Lucile. Je la réconfortai en lui disant que tout allait bien pour David.

Après la conférence, Lucile me renvoya un message pour me dire qu'elle souhaitait vraiment qu'on puisse se rencontrer. Elle me fit comprendre que le fait que son compagnon se sente bien était une chose, mais que de son côté, ça n'allait pas bien du tout.

« *Le suicide de David a éteint beaucoup de Lumière dans ma vie et celle de mes enfants. J'y mets tout mon courage, mais j'ai besoin d'une ou deux réponses.* »

Ses mots, sa détresse me touchèrent profondément et je décidai de lui fixer un rendez-vous proche.

Lucile, une très belle jeune femme, menue et fragile pénétra, tremblante et stressée, dans mon bureau. Aussitôt, je l'enveloppai du mieux possible de toute ma douceur et de tout mon Amour. À peine assise, elle m'expliqua en larmes ce qui s'était passé :

— Cela faisait plus de 10 ans que nous étions ensemble. Je n'ai rien vu venir. Nous formions un couple normal. La veille de son suicide, nous avions fait l'Amour. Alors, c'est vrai qu'avec le Covid, il avait perdu son travail et avait fait une mauvaise association au sein d'une entreprise. Le côté financier l'inquiétait énormément, mais voilà, on formait une famille, il s'entendait très bien avec mes deux aînés et nous avons un fils en commun âgé de sept ans. Je ne comprends pas comment il a pu faire ça. Le jour de son suicide, il avait un entretien d'embauche, il était pratiquement certain d'être pris, ce n'était qu'une formalité.

Ce matin-là, je suis allée à un rendez-vous. Lorsque je suis rentrée, il n'était pas là, mais je ne me suis pas inquiétée, car j'ai pensé qu'il s'était rendu à son entretien d'embauche. Et puis, très vite, sans pouvoir l'expliquer, il y a eu des signes qui m'ont fait douter. Par exemple, ses claquettes n'étaient pas là. Je me suis dit : c'est bizarre, il n'a pas pu partir à un entretien en claquettes. Il y a eu d'autres détails comme ça qui m'ont interpellée, alors j'ai essayé de le joindre sur son téléphone à plusieurs reprises. Mais il n'a pas décroché. J'ai envoyé des SMS, en vain. Au bout d'un moment, j'ai téléphoné à mon père. Je lui ai dit : « Papa, je suis très inquiète, David n'est pas à la maison et ne répond pas sur son téléphone ». En début d'après-midi, mon père est parti faire un tour sur la propriété de David située à quelques kilomètres de Nouméa. C'est lui qui a découvert le corps de David. Il s'était pendu en plein milieu du salon. La voiture était garée devant la porte de la maison, la portière était même restée ouverte. Mon père m'a appelée, il m'a annoncé le décès de mon mari. C'était horrible, j'ai décidé aussitôt de prendre ma voiture. J'avais besoin d'aller voir, j'avais besoin de me rendre compte, d'être vraiment confrontée à la réalité. Quand je suis arrivée, David reposait sur le sol. Ma vie a basculé, je n'ai pas compris ce qui m'arrivait. J'avais comme un trou dans le ventre, un énorme trou dans le ventre. Comment peut-on en arriver là ? Pourquoi ? J'ai besoin de comprendre... J'ai besoin de comprendre ce qui s'est passé.

J'étais profondément émue, je ne réussissais pas à retenir mes larmes. Je voulais de toutes mes forces aider Lucile. David était arrivé en même temps que sa bien-aimée. Il est très fréquent que les défunts accompagnent les personnes qui viennent me consulter. Il s'était placé dès le début à côté de moi. Il avait assisté à toute la scène.

Alors, avec beaucoup de douceur, je me mis à parler pour expliquer à Lucile que je ressentais la présence de David. Il était lumineux. Il ne me parla pas tout de suite, je compris qu'il était pudique et que, ne me connaissant pas, il fallait que j'arrive à le mettre en confiance avant qu'il ne se confie à moi.

Ce n'était pas la première fois, que je rencontrais des défunts qui, pudiques sur terre, avaient conservé ce trait de caractère dans l'Au-delà. D'ailleurs, la plupart des défunts gardent leur caractère terrestre. Quand j'entre en contact avec l'un d'eux et que je perçois son caractère, dans 99 % des cas la famille me confirme qu'il était comme cela de son vivant.

Par télépathie, j'expliquai à David qu'il n'avait rien à craindre de moi, j'étais uniquement là pour faire l'intermédiaire entre lui et Lucile et que je souhaitais seulement les aider tous deux.

C'est ainsi que David choisit de me faire confiance et par télépathie à son tour, il m'expliqua avec beaucoup de douceur qu'il avait eu le sentiment de ne pas être à la hauteur, qu'il ne méritait pas Lucile, qu'elle méritait mieux que lui. Pour lui, prendre la décision de se suicider était un acte d'Amour pour la libérer d'un poids, lui rendre sa liberté et aussi afin qu'il puisse reprendre la sienne.

Il poursuivit :

— Désormais, je flotte, je suis libre, je suis heureux. Je suis désolé de toute la peine que je leur ai causée. Je propose à Lucile qu'on se réinvente différemment. On peut continuer à s'aimer. On peut garder notre lien.

Je m'efforçai de transmettre au plus juste à Lucile les informations que David me communiquait. Au fur et à mesure que Lucile m'écoutait, je la vis s'apaiser, je la ressentais moins stressée. Les messages de David résonnaient dans son cœur et prenaient tout leur sens. Cependant, même si elle comprenait tout ce que David lui disait, elle se remit à pleurer en ajoutant que, pour elle, il s'agissait d'un énorme gâchis.

David lui demanda avec beaucoup de douceur de lui pardonner.

— Ah ça, je ne sais pas si je vais y arriver. Des fois, j'ai le sentiment que je lui ai pardonné, et puis d'autres fois je suis tellement en colère contre lui. Je suis en colère de voir ce qu'il nous a fait, de nous avoir laissés, moi et les enfants. Comment a-t-il pu nous faire cela ?

Je lui répondis que son ressenti était tout à fait normal, et qu'il allait lui falloir du temps. Les minutes passaient et nous nous sentions bien toutes les deux, nous n'étions pas pressées. Je me sentais en communion avec elle.

Au bout d'un moment, Lucile me regarda et ajouta :
— Vous savez, venir vous voir est la meilleure chose que j'aie faite depuis son départ. Certaines de mes amies n'étaient pas pour que je vienne, ou que je lise votre livre. Elles pensaient que je n'étais pas prête... Mais là, je ressens comme s'il y avait un pansement qui venait de se poser sur mon cœur. Je ne sais pas comment vous remercier tellement ce qui vient de se passer est important. Je me sens vraiment mieux.

Lucile repartit en me serrant très fort dans ses bras.

Il me fallut toute la journée pour me remettre de cette consultation, tant j'en étais ressortie bouleversée.

Mes émotions étaient mitigées : je me sentais d'une part rechargée par l'Amour infini que David portait à Lucile et à sa famille, et d'autre part envahie d'un immense chagrin dû au désarroi de Lucile.

Vous savez, parfois nous prenons des décisions qui sont irréparables, sur lesquelles nous ne pourrons jamais revenir. Le suicide est un acte irréversible et tellement destructeur pour toutes les personnes autour de nous ! Mais je suis persuadée qu'après la pluie vient le beau temps, et qu'il est nécessaire que nous fassions confiance à nos anges et ce, même si les choses ne se passent pas comme nous les souhaitons.

Quand nous traversons des moments difficiles, des moments douloureux, l'envie de passer à l'acte peut nous parcourir l'esprit, n'oublions pas qu'il y aura des jours meilleurs, vraiment. Même si nous avons le sentiment que tout s'effondre autour de nous, que toute notre vie s'écroule, nous devons avoir l'humilité de reconnaître que nous n'arrivons pas toujours tout seul à reprendre pied et que nous avons souvent besoin de nous faire aider par des professionnels, par des thérapeutes. La vie en vaut vraiment la peine et l'Amour de notre entourage aussi. Je vous le promets. Je sais qu'il y a différents événements que nous pouvons percevoir comme étant tragiques, notamment la perte d'un emploi, des problèmes financiers, une rupture, qu'elle soit amicale ou sentimentale, un deuil. Toutes ces épreuves peuvent être vécues comme de véritables cataclysmes dans notre existence.

La vie est ainsi faite qu'on ne peut jamais revenir en arrière, en une fraction de seconde elle peut basculer. Prenons le temps de réfléchir. Je n'accepterai jamais de croire ou de penser qu'il n'y a plus d'Espoir. La vie nous réserve tant de surprises à condition de lui en laisser le temps et de lui donner une chance. Acceptons notre partie de *Jeu-Vie*, faisons confiance à nos cartes *expériences*, et je vous garantis de très belles surprises. Nous méritons mieux qu'une fin tragique. Ne perdons pas notre temps, notre énergie avec des choses, des personnes qui n'en valent pas la peine.

N'oublions jamais que nous sommes nos choix. Quelle personne décidons-nous d'être aujourd'hui ? Même si c'est difficile, choisissons d'être la personne qui ne baisse pas les bras.

Je vous assure que nous ne sommes pas seuls, nous sommes accompagnés et protégés. Relevons la tête et agissons, nous pouvons y arriver.

David tint sa promesse de garder le lien avec sa famille en lui envoyant de magnifiques signes. Notamment, il apparut plusieurs fois à Lucile. La première fois, elle eut très peur, mais plus maintenant. Le soir du réveillon de Noël, soit quelques mois après notre rencontre, une petite grenouille vint se poser sur une chaise où était rassemblée toute la famille. À chaque fois qu'on la remit dehors, elle revint. David se manifeste également au travers de mantes religieuses, libellules, coccinelles. Lucile est très sensible à ce genre d'événement.

Elle est sereine, sachant David apaisé et libéré de toute la torture qu'il s'infligeait. Il lui arrive encore de se sentir seule, abandonnée, comme elle me l'a si bien écrit : « *le plus dur dans le suicide, c'est pour ceux qui restent* ».

Lucile a compris et accepté que David souffrait d'un mal-être profond ancré en lui et qu'il n'avait pas réussi à exprimer. Elle s'efforce de relever la tête et d'apporter de la joie et du bonheur à ses trois enfants. Elle s'est promis de faire tout ce qui était en son pouvoir pour protéger son petit garçon afin qu'il ne souffre jamais du même mal que son père.

Lucile est une femme extraordinaire, une maman aimante, courageuse, sensible et pleine de Lumière. Je suis heureuse de l'avoir rencontrée et, même si nous n'échangeons qu'occasionnellement des messages, je me sens très proche d'elle.

2 — Les maris

Mon lectorat est essentiellement féminin. Très peu d'hommes ont eu l'occasion de lire mon livre, tout comme je reçois peu de demandes masculines pour une consultation. Pour certains, l'Au-delà serait plutôt lié à des croyances de « bonnes femmes » tandis qu'eux pensent qu'il n'y a rien après la mort. D'autres sont dans l'action et ne veulent pas perdre leur temps à se poser des questions sur l'Après-Vie, sachant qu'il n'y a aucune preuve scientifique ou rationnelle qui ait pu être apportée sur le sujet.

Mais sur le panel d'hommes que je reçois, 90 % viennent me consulter pour la même problématique. Avez-vous une idée de laquelle ?

Les hommes me consultent essentiellement parce que leur femme est décédée et bien souvent, ils en expriment les mêmes regrets : ne pas l'avoir assez aimée, avoir manqué de considération envers elle, ne pas avoir passé assez de temps auprès d'elle et ne pas avoir mesuré à leur juste valeur leurs qualités d'épouse.

Une fois, alors que je venais de recevoir un monsieur qui avait perdu sa femme quelques mois auparavant, cette dernière me fit passer le message suivant :
— Je vais très bien, je suis en paix et je lui rends de nombreuses visites. Dites-lui, notamment, que je l'entends beaucoup râler lorsqu'il cuisine !

Je lui transmis cette information. Ce monsieur fondit en larmes devant moi, en confirmant cet état de fait.

— C'est vrai ce que vous me dîtes, je râle beaucoup dans ma cuisine. Vous savez, je ne sais même pas me faire cuire un œuf. Ma femme m'a fait pendant 35 ans la cuisine, je ne lui ai jamais dit merci, parce que je trouvais cela normal, c'était son rôle. Je critiquais chaque jour ses plats qui n'étaient pas comme ci ou comme ça, qui n'étaient pas bons ou bien qui manquaient de sel. Vous imaginez, ma femme me cuisinait deux repas par jour ! Mais maintenant qu'elle n'est plus là, je me retrouve tout seul ! Qu'est-ce que je regrette de ne pas avoir mesuré la chance que j'avais d'avoir une merveilleuse femme à mes côtés et qui a supporté mon mauvais caractère et mon manque de reconnaissance durant toutes nos années de mariage.

Un autre homme me raconta en larmes : « pendant 15 ans, ma femme a demandé que je lui plante un arbre. L'arbre est resté 15 ans dans son pot. Souvent, elle me suppliait : tu peux me planter l'arbre, tu peux me planter l'arbre ? Mais je n'en avais aucunement l'envie, ça me gonflait. Vous savez quoi ? Je l'ai planté la semaine dernière, j'ai attendu qu'elle soit morte pour le faire, mais c'est trop tard, elle n'est plus là pour en profiter, si vous saviez comme je m'en veux.

Une autre fois, je reçus l'appel de François dont la voix était toute tremblante au téléphone. Sa femme venait de décéder et il se retrouvait seul après plus de 40 ans de vie commune. Il n'arrivait pas à relever la tête. Il avait besoin d'être rassuré, de savoir qu'elle allait bien et était en paix. Sa détresse m'émut tant que je lui donnai rapidement un rendez-vous.

À peine arrivé chez moi, il ne s'assit pas tout de suite, tant il était troublé et préféra donc rester debout. Je lui proposai une tasse de thé pour le détendre, qu'il refusa. Et il enchaina immédiatement :

— J'ai rencontré ma femme lorsqu'elle était très jeune. Dès que je l'ai vue, j'ai su qu'elle serait la femme de ma vie. Ces derniers temps, elle avait quelques problèmes de santé, mais jamais je n'aurais imaginé qu'elle partirait aussi vite. Je vais très mal et j'ai besoin de savoir, pour me rassurer, si elle va bien.

Je ressentis tout de suite son épouse qui était arrivée en même temps que lui. Je la visualisai lumineuse, heureuse, sereine, en paix et si douce. Il n'y avait que quelques semaines qu'elle était décédée, mais elle était déjà affectée à une mission. Cela n'arrive pas toujours. La plupart du temps, les défunts restent quelque temps dans leur famille de l'Au-delà avant de commencer une nouvelle mission. Mais pour elle ce fut différent. Même si elle avait retrouvé sa famille, elle ne passait pas son temps avec elle.

Je ne suis pas certaine que ces messages aient rassuré ce monsieur qui était très centré sur sa souffrance. Il allait devoir apprendre à vivre sans elle. Son quotidien était complètement bouleversé.

Il ajouta :

— J'ai beaucoup travaillé dans ma vie, j'ai réussi dans les affaires. Et le soir, quand je rentrais du travail, je n'avais qu'une seule envie, c'était d'être pénard et de me mettre devant la télévision pour me vider la tête. Et elle, comme elle n'avait pas travaillé de toute la journée, elle m'attendait avec beaucoup d'impatience. Moi, j'avais juste envie qu'on me foute la paix. Du coup, on se disputait beaucoup à cause de la télé. Je suis persuadé qu'elle sépare beaucoup de couples.

Parfois elle me disait : « j'aimerais passer tout mon temps avec toi, jamais je ne pourrais vivre sans toi ». Dans mon for intérieur, je me disais : « ben moi je suis certain que je pourrais vivre sans toi ». Et maintenant, je me rends compte que je me suis trompé et que je n'y arrive pas. Je lui avais promis que, dès que je serais à la retraite, on voyagerait. Mais elle est décédée avant…

François est reparti en pleurant, la tête baissée.

Heureusement, j'ai quand même une jolie histoire à vous raconter. Je reçus un jour un monsieur nonagénaire, distingué et prévenant. Il souhaitait me rencontrer, car sa femme était décédée un an auparavant. Ce monsieur me toucha et me fit sourire, car il était venu avec plusieurs notes qu'il avait prises à la suite de la lecture de mon livre. Il m'avait également apporté un portrait de sa femme.

Quand je me suis connectée à elle, la première des choses qu'elle m'a révélée a été : « dites à mon époux que j'ai mis ma plus belle robe pour venir le voir. »

Aussitôt, les yeux de ce monsieur se sont remplis de larmes en recevant cette information. Il m'expliqua alors que, même après 60 ans de vie commune, son épouse était toujours restée aussi coquette pour lui. Il ajouta qu'ils avaient vécu soixante années de bonheur absolu et que leur relation avait toujours été respectueuse et aimante. Nous passâmes tous les trois un très bon moment de partage.

Le lendemain matin, il me téléphona pour me dire que notre rencontre et toutes les informations qui en avaient découlé avaient changé sa vie et qu'il était prêt pour le grand voyage. En raison de son âge, il s'y préparait...

Quelque temps plus tard, il m'apporta un beau bouquet de roses qui provenaient des rosiers de son épouse. Depuis son décès, c'était lui qui en prenait soin avec Amour...

3 — Les Animaux, nos Amours à quatre pattes

Mes chers lecteurs, je souhaite partager avec vous les enseignements que les Anges m'ont transmis au sujet des animaux.

Lors du premier confinement de mars 2020, une amie, Cathy, qui habitait à Paris m'a demandé si les animaux avaient eux aussi un Ange gardien.

Je ne m'étais jamais posée cette question que je trouvai cependant très intéressante. Lors de ma sortie quotidienne, je me connectai à mes Anges pour recevoir une guidance. Voici quelle fut leur réponse :

— Les animaux domestiques sont des Anges gardiens, ils sont là pour vous protéger et vous apporter beaucoup d'Amour.

Quand je transmis à Cathy cette explication, elle me répondit qu'elle avait également reçu la même réponse de son côté !

Je trouvai ce message magique, car je n'avais jamais imaginé que mes animaux puissent être des Anges gardiens qui m'avaient été envoyés pour protéger ma famille. J'aimais déjà énormément mes animaux, mais cet enseignement donna une nouvelle dimension à nos relations.

Les Anges ajoutèrent qu'il était important que les humains se rapprochent des animaux. En effet, l'Amour que nous partageons avec eux crée une très belle énergie dans l'Au-delà. Je vous reparlerai de cette notion dans l'un des chapitres suivants. Les énergies d'Amour en lien avec les animaux sont très puissantes. Mes Anges m'apprirent aussi que c'est l'animal qui choisit sa famille d'adoption. Si nous pensons que c'est nous qui choisissons ce petit animal de compagnie plutôt qu'un autre, nous nous trompons. C'est l'animal qui le décide et qui, par son comportement, influence notre choix.

Un animal est donc un merveilleux Ange gardien pour toutes les personnes qui savent lui prodiguer de l'Amour, de l'affection et des bons soins.

Une dame me posa également la question suivante : est-ce que les animaux ont choisi leur incarnation sur terre ? Lorsque je posai la question à mes Anges, je n'obtins pas de réponse. Ainsi que je l'ai déjà expliqué, ce sont eux qui décident du moment où ils souhaitent me transmettre un enseignement. Cependant, le souvenir d'un échange que j'avais eu avec eux quelques mois auparavant me revint à l'esprit. Lors d'un moment de grâce durant lequel, connectés, nous échangions, j'exprimai mon désir de connaitre leur avis sur les animaux que nous tuons, nous humains, pour nous nourrir. Qu'en pensaient-ils ?

Voici quel fut leur message :
— Ne t'inquiète pas, les animaux qui sont venus s'incarner sur terre savent qu'ils sont venus pour nourrir, soit les humains, soit d'autres espèces d'animaux. Lors de leur incarnation, ils ont conscience qu'ils viennent donner leur vie pour nourrir la planète.

Cette réponse m'émut profondément. Pour me rassurer totalement, ils m'envoyèrent la vision d'une plaine verte, sur laquelle je pus remarquer beaucoup d'animaux. Ils étaient paisibles et je les voyais brouter de l'herbe. Les Anges ajoutèrent :
— Regarde comme ils sont heureux. Ils sont heureux d'avoir donné leur vie terrestre pour vous, les humains. Maintenant, ils sont en paix et sereins.

(Nous n'avons pas évoqué les conditions abominables d'élevage et de fin de vie des animaux).

En janvier 2020, je partis en voyage au Japon avec ma famille. Lors de notre séjour, nous visitâmes l'aquarium d'Osaka. J'eus l'idée de tenter une expérience de communication. En me concentrant sur une énergie d'Amour, aurais-je la possibilité d'entrer en contact avec des poissons, et ce, même au travers des vitres d'un aquarium ? Alors, je posai mes mains sur le verre, et attendis. À ma grande surprise, deux énormes poissons vinrent se coller, juste devant moi, contre la paroi du bassin.

Nous nous regardâmes droit dans les yeux. Par télépathie je leur dis que je les aimais et je leur envoyai tout mon Amour. Nous restâmes ainsi durant de longues minutes, chacun figé dans sa position. Je vécus là un vrai moment de communion et de partage. Je n'en revenais pas d'avoir réussi à créer une communication avec deux poissons. J'étais émue et j'avais les larmes aux yeux. Je ressentais les personnes autour de moi interpellées par ce spectacle. Certaines me prirent même en photo. Mon fils, Lancelot, tout aussi impressionné par la scène, la filma quelques secondes avec son téléphone. Ainsi ai-je pu conserver le souvenir de ce moment magique dans une courte vidéo. Si vous souhaitez la visionner, je l'ai postée sur ma page Facebook de l'Infini Espoir ainsi que sur ma chaine YouTube.

De plus, au moment où je fermai les yeux, j'eus la vision qu'il existait aussi un Au-delà pour les poissons dans un océan magnifique où toutes les espèces vivent en harmonie, en toute sérénité, en communauté, dans l'Amour et dans la paix. Il n'y a pas de guerres de territoire, ni de problèmes de survie des espèces. Et, même si j'habite ici en Nouvelle-Calédonie, où les fonds marins sont extraordinaires, je puis vous dire que, dans l'Au-delà, les poissons sont encore plus majestueux.

Je souhaite également vous confirmer que nous retrouvons nos animaux décédés dans l'Au-delà.

Une autre fois, je reçus un monsieur nonagénaire. Il souhaitait avoir des nouvelles de son fils décédé une vingtaine d'années auparavant. Il n'avait pas pensé à m'apporter de photo de ce dernier. Je fermai les yeux et me connectai à l'énergie de ce fils décédé dans sa quarantième année. Je le ressentis en paix et le vis avec un cheval à ses côtés. Il m'assura effectivement que c'était son cheval qu'il avait retrouvé.

Son papa fut complètement bouleversé, car son fils adorait les chevaux, il en avait possédé plusieurs sur sa propriété. D'apprendre que son fils était ainsi accompagné de son cheval apaisa et rassura beaucoup ce monsieur qui repartit de chez moi avec un autre regard sur l'après-vie.

D'autres personnes m'ont également rapporté ressentir chez eux la présence de leurs chiens ou chats décédés. Effectivement, certains animaux parviennent à entrer en contact avec leur famille terrestre.

J'ai même une amie qui, pendant son sommeil, était régulièrement réveillée par le « fantôme » de son chien qui montait sur son lit. Elle reconnaissait la façon dont son chien marchait sur le lit et pouvait même sentir son odeur. Un autre ami m'a rapporté avoir senti le souffle de son chien près de lui pendant son sommeil. Pour lui, il était évident que son chien était venu lui faire un câlin pendant la nuit.

Mon amie Maïa, dont le petit chien Balou est décédé, me raconta également une bien jolie histoire. Deux mois après la disparition de Balou, Maïa demeurait encore profondément chagrinée, elle éprouvait un manque atroce.

Alors qu'en sa qualité de journaliste, elle se rendait à un reportage pour un journal local, le hasard la conduisit chez un vieux monsieur. Ce monsieur, Maïa et Balou le connaissaient pour l'avoir croisé à plusieurs reprises avec son chien Rouky lors de promenades dans le quartier.

Dès son arrivée chez lui, Rouky se mit à flairer Maïa en tournant autour d'elle. Puis il lui fit la fête comme si elle était sa gardienne. Maïa eut le sentiment qu'il lui souriait. Le propriétaire de Rouky fut très étonné du comportement de son chien, qui avait tendance à avoir la dent leste. En effet, plusieurs personnes ayant tenté de le caresser étaient reparties avec un souvenir malheureux gravé sur la main. Jamais Rouky ne se comportait ainsi avec des étrangers. Alors Maïa, en toute confiance, se mit à le caresser et c'est à ce moment-là qu'elle ressentit, au centre de son plexus solaire, que toute cette fête, toute cette affection que Rouky lui témoignait, émanait de son cher Balou. Maïa comprit que Balou avait choisi Rouky comme messager pour entrer en contact avec elle et lui envoyer tout son Amour et toute sa joie. Elle me fit parvenir une photo qu'elle prit de Rouky avant de rentrer chez elle. Je vous assure que le regard plein d'Amour que Rouky lui adresse traduit vraiment une rencontre angélique…

Je reçus encore de nombreuses anecdotes concernant la présence d'animaux décédés dans leur famille terrestre.

CHAPITRE V

L'Amour
vecteur le plus puissant de Lumière

1 — La Lumière Terrestre

Les Anges m'ont transmis ce magnifique enseignement :

— *Vous êtes des êtres de Lumière, la Lumière produite par votre cœur nous est extrêmement précieuse. Nous avons autant besoin de vous que vous avez besoin de nous. Nous sommes interdépendants.*

Ce message m'était parvenu le lendemain des attentats de 2015 à Paris. J'étais invitée à une soirée lorsque, quelques heures auparavant, j'avais suivi en direct l'attaque du Bataclan. Je me culpabilisais d'être avec mes amis alors qu'à Paris, c'était le drame. J'interrogeai mes Anges sur le sens à poursuivre une vie normale lorsque l'humanité venait de recevoir une atteinte profonde à son intégrité. Comment continuer à vivre, à trouver un sens à la vie quand le monde va mal ? Je fus aussitôt entendue et, comme d'habitude, par télépathie, ils m'expliquèrent :

— Ne te culpabilise pas de ta présence à une fête lorsque, dans le monde, il se produit des atrocités. Car ces abominations sont en train d'éteindre la Lumière de la Terre, celle que les Hommes nous envoient en priant et en créant de la joie. La source de cette Lumière de la Terre émane en partie de la joie humaine. Celle-ci crée de l'énergie positive. Cette Lumière nous est indispensable afin que nous puissions la redistribuer sous forme d'aide aux humains qui souffrent. Si vous, Humains, cessez de vous rassembler, de créer de la joie et de la Lumière, la Terre s'éteindra et nous ne pourrons plus vous venir en aide.

Il est vital que la planète reste éclairée pour ne pas basculer complètement dans l'obscurité. Certaines parties de la planète où la guerre sévit le sont déjà.

Vous créez de la joie en organisant des rassemblements humains, des fêtes, toutes sortes de célébrations : mariages, anniversaires, concerts de musique, expositions, pièces de théâtre, chorales... Va rejoindre tes amis et continuez de vous amuser, de créer de la joie et des moments fraternels.

Ce message me redonna une énergie et une force indescriptibles. Tout venait de s'éclairer. Nous étions des artisans de Lumière ! Alors, malgré l'obscurité, je mis un point d'honneur à incarner une vraie créatrice de Lumière. Je m'engageai solennellement à produire toute la Lumière dont je serais capable. Avec ces quelques phrases, les Anges avaient réussi à raviver l'étincelle de vie qui se trouvait au fond de mon cœur. Il était de mon devoir de transmettre aux personnes qui seraient dans l'ouverture pour l'entendre, ce message d'Amour Universel.

Ce message représente à mes yeux le plus bel enseignement que j'aie jamais reçu de leur part. « *les humains ont un rôle primordial à jouer pour aider l'Au-delà* ». Je n'avais pas compris cela, je croyais que l'aide ne pouvait venir que des Anges et de l'Au-delà. Pour moi, il suffisait que je prie pour voir en contrepartie mes souhaits exaucés. Dans mon esprit, c'était aussi basique que cela.

J'ignorais complètement qu'en créant de la joie, des émotions positives, on avait le pouvoir d'aider les Anges et l'Au-delà. Quelle découverte incroyable !

Mes Anges ont eu la bienveillance de réitérer cet enseignement en ce début d'année 2019. Nous étions en période de vacances scolaires et, avec ma famille, nous séjournions dans un hôtel à Poé, situé sur la côte ouest de la Nouvelle-Calédonie. Malheureusement, le lendemain de notre arrivée, Vincent, 13 ans, chuta de vélo. Il ne pouvait plus se relever, son coude, ses bras et l'un de ses genoux étaient en sang. J'envoyai son petit frère Lancelot à la réception pour qu'il prévienne le personnel que Vincent était tombé et que nous avions besoin d'une voiturette pour rentrer jusqu'à la chambre.

Les minutes s'écoulaient et Lancelot ne revenait toujours pas. Au bout d'un moment, je vis arriver à toute allure un couple de cyclistes en tenue de professionnels, d'une bonne cinquantaine d'années. Ils me firent penser aux sauveteurs de la série : *Alerte à Malibu*.

— Ne bougez pas ! Nous nous présentons : Véronique et Patrick. Nous étions à la réception quand le petit bonhomme est venu prévenir que son frère était tombé. Nous travaillons pour l'ONU, nous sommes médecins sans frontières en Afrique, et nous sommes là en vacances en Nouvelle-Calédonie. Ne vous inquiétez pas, nous avons tout ce qu'il faut dans notre chambre pour soigner votre fils.

Ouf ! Nous étions sauvés. J'étais rassurée et soulagée parce que je vais vous faire une confidence : je suis une très mauvaise infirmière, je ne supporte pas la vue du sang. Donc, soigner mes enfants est une véritable épreuve pour moi. Je n'emporte jamais de trousse à pharmacie avec moi. Je vous explique : comme je crois à la pensée positive et au développement personnel, je me dis toujours que si je pense à la trousse à pharmacie, je vais créer l'accident qui va m'obliger à m'en servir. Donc, si je n'emporte rien, il ne nous arrivera rien. Sincèrement jusque-là, cela m'avait plutôt bien réussi. Sauf ce jour-là...

Bref la voiturette finit par arriver et nous déposa dans la suite de Véronique et Patrick. Je fus franchement impressionnée par leur équipement pharmaceutique. Ils disposaient d'une valise débordante de pansements, de compresses, de bandes. Ils avaient de quoi soigner tout l'hôtel ! Au cours de notre séjour, nous les avons recroisés plusieurs fois. En discutant, ils m'ont demandé de quelle région je venais, aussi je leur répondis, avec une fierté non dissimulée, que j'étais bourguignonne. Ils m'informèrent alors qu'ils étaient amateurs de vins de Bourgogne. Je fus enchantée de l'apprendre, car cela me procure toujours beaucoup de plaisir de rencontrer des personnes qui apprécient le vin de ma région.

Pour les remercier d'avoir soigné Vincent, mon mari et moi les avons ensuite invités à dîner à la maison dès notre retour à Nouméa.

J'étais fascinée par leur parcours de vie. Au cours de la discussion, nous apprenions que Patrick était déjà à la retraite, mais qu'il avait été auparavant le garde du corps de Véronique lors d'une de ses missions périlleuses en Irak. C'était comme cela qu'ils s'étaient rencontrés et étaient tombés amoureux l'un de l'autre. Véronique était toujours en activité comme militaire haut gradée et s'occupait de camps de réfugiés en Afrique avec l'aide de Patrick. Elle nous expliqua que, depuis toute petite, elle savait intuitivement qu'elle serait militaire. Tous deux n'avaient pas désiré avoir d'enfants, leur métier leur semblant incompatible avec la parentalité. Chaque année, pour se vider « la tête », ils venaient passer leurs vacances en Nouvelle-Calédonie.

Nos enfants participant au dîner, j'en profitai alors pour demander à Véronique quel enseignement elle aimerait transmettre aux enfants. Véronique regarda mes enfants et leur dit :
— Si j'avais quelque chose à vous transmettre ce seraient les atrocités de la guerre, les camps de réfugiés, les enfants qui meurent de faim, la violence. Vous savez les enfants, la vie est horrible, la vie est injuste. Vous avez de la chance de vivre dans un pays comme ici, vous ne vous

rendez pas compte, vous n'êtes pas dans la vraie vie. Ce que vous vivez n'est pas la vraie vie.

Les paroles de Véronique résonnèrent en moi et me mirent mal à l'aise parce que, chaque jour, j'enseigne à mes enfants que la vie est belle, que la vie est un cadeau et qu'il faut l'honorer. Je venais là de recevoir une claque en pleine figure...

À la fin du dîner, après les avoir raccompagnés à leur hôtel, nous sommes partis nous coucher. Sincèrement, j'ai eu beaucoup de difficultés à trouver le sommeil tant j'étais contrariée. Nous étions fin janvier 2019 et, dans quelques mois, mon premier livre allait sortir en librairie, un livre qui parlait d'Amour, d'Espoir, de Gratitude...

Je réfléchissais tout en me faisant mon cinéma dans ma tête : « ma cocotte, t'es complètement à côté de la plaque avec tes messages de joie, d'Amour, de positivité, la vie est magique, la vie est un cadeau... ». Je venais de passer des mois et des mois à écrire un livre qui était complètement en dehors de la réalité. Quel temps gaspillé, comment assumer mes croyances face à des gens comme ceux avec qui nous venions de dîner, témoins de tant d'atrocités ?

Je finis par m'endormir, mais fus réveillée en pleine nuit par ces questions qui me tourmentaient. Heureusement, j'ai cette chance inouïe d'être connectée à l'Au-delà. Je ressentis la présence bienveillante de mes Anges :

— Ne t'inquiète pas, tu es à ta place, nous avons besoin de ton énergie positive, nous avons besoin de l'énergie positive que tu crées, nous avons besoin que tu passes les

messages d'Amour et d'Espoir pour, justement, équilibrer les horreurs du monde. Dans une partie de la planète, il y a toi, ta force, ton Amour pour les autres, pour la vie et dans l'autre partie, il y a les horreurs et la négativité. Vous vous équilibrez. On a besoin de l'Infini Espoir, tout va bien.

Quel message réconfortant ! Je me réveillai le lendemain matin en ressentant une force incroyable dans mon cœur. J'étais de nouveau prête à affronter le regard et le jugement des autres.

Justement, la veille, avant de m'endormir, je m'étais demandée pourquoi ce couple avait été mis sur mon chemin ? Quel était le message que je devais entendre ?

J'ai alors compris que je serais confrontée, dès la sortie de mon livre, à ce genre de questions : « mais que faites-vous des gens qui souffrent, de la faim dans le monde ? »

Les Anges m'avaient donné la réponse : je crée de l'Énergie d'Amour pour équilibrer la planète, pour que les Anges utilisent cette énergie !

Mes chers lecteurs, il est dans le pouvoir de chacun d'aider les Anges en créant de l'énergie positive. Nous avons tous une mission à accomplir. Nous avons tous un rôle essentiel à jouer sur Terre, et toutes les missions sont aussi importantes les unes que les autres.

Nos émotions négatives sont générées par exemple par la colère, la tristesse, l'angoisse, la peur. Elles nous isolent en formant un épais brouillard.

Les Anges m'ont expliqué que, lorsque nous sommes empêtrés dans cet épais brouillard que nous avons créé par notre négativité, ils ne parviennent pas à le traverser pour nous soulager, pour nous apporter de la joie ou du réconfort. Ce brouillard constitue un rempart autour de nous qui empêche les belles choses de s'accomplir. Il faudrait une énergie extrêmement puissante en provenance de l'Au-delà pour arriver à briser ces remparts. C'est sans doute pour cela que les gens qui sont négatifs se sentent abandonnés par l'Au-delà, ou par leur Ange.

Je reçois chaque jour des messages de personnes qui m'écrivent :
« vous êtes certaine qu'on a tous un Ange Gardien ? Parce que moi, je n'y crois pas trop. Je suis seul au monde, ma vie n'est faite que de souffrances et d'injustices. J'ai vraiment dû être oublié. »

Comment leur faire comprendre que ce sont leurs émotions négatives et donc eux-mêmes qui ont créé cette situation ?

Se met en place un cercle vicieux, car plus les gens vont mal, plus ils créent de la mauvaise énergie et moins les Anges parviennent à transpercer ce brouillard pour leur venir en aide.

Il faut vraiment ouvrir son cœur pour pouvoir ressentir la présence de nos Anges et d'autres présences autour de nous. Si vous êtes emmurés dans votre chagrin, dans votre détresse, dans votre solitude, dans votre haine, dans votre colère, il est très difficile d'en sortir.

Quand nous intégrons que toutes nos pensées créent des émotions, et que ces émotions créent à leur tour de l'énergie, nous n'avons plus envie de perdre notre temps à créer de la mauvaise énergie. Nous voulons juste ouvrir notre cœur pour qu'il n'y ait que de l'Amour, de la joie, de l'empathie pour les autres.

Ressentons de la gratitude pour toutes les merveilleuses choses qui existent sur la Terre, pour toutes les merveilles du monde, pour le soleil, pour le ciel, pour l'air, pour l'eau...

Depuis plus d'un an, nous vivons une période très particulière sur Terre, avec cette pandémie du Covid. Alors comment créer de la Lumière lorsque tous les rassemblements humains générateurs de Lumière sont interdits ?

La réponse des Anges est très simple :

Pour créer de la Lumière, il suffit de rester positif en connectant votre esprit et votre cœur sur la fréquence énergétique de l'Amour. L'Amour est le vecteur de Lumière le plus puissant.

En vibrant sur cette énergie, vous serez entourés d'une bulle de protection. Pour vous mettre en mode « positif », vous pouvez écouter de la musique joyeuse, écouter de la musique qui vous fait du bien. Des chansons sur lesquelles vous avez dansé, vous avez aimé, vous vous êtes amusés.

Vous pouvez également regarder des films pour rire, des films inspirants, des films joyeux.

Vous avez la possibilité de lire des livres qui produiront sur vous le même effet que la musique ou les films.

Prenez le temps de regarder les albums photos, car, la plupart du temps, ce sont les moments heureux que vous photographiez. Vous vous remémorerez les moments de partage avec vos amis, avec votre famille. Ils vous mettront du baume au cœur et vous reconnecteront à une vibration d'Amour. Se rappeler les moments que vous avez passés avec vos parents ou avec vos amis peut vous aider à recréer un lien d'Amour et de complicité avec eux. Même si le cours de la Vie a fait que les liens se sont distendus, utilisez les nouvelles technologies qui existent pour reprendre ou garder le contact. Dans les albums photos, remerciez les personnes décédées depuis, pour les bons moments partagés.

Je compris que, pour ressentir de l'Amour, il est important de nous aimer nous-mêmes. Il y a de petites choses toutes simples à mettre en place, par exemple : commençons par nous servir un thé ou un café dans la plus belle des tasses que nous possédons chez nous. Chouchoutons-nous et n'utilisons plus nos tasses ébréchées pour nous-mêmes.

Ouvrons notre fenêtre et regardons le ciel, les nuages, leurs formes, leurs directions. Profitons-en pour faire preuve de créativité. Réinventons-nous.

Beaucoup de personnes ont peur de la mort, de la solitude. En restant positifs et en restant confiants, le lien avec l'Au-delà reste actif et nous pouvons recevoir force et réconfort.

Si nous vibrons d'une énergie de peur, nous allons attirer à nous des situations qui nous feront vivre cette énergie. En laissant cette énergie nous envahir, nous nous coupons de notre relation avec l'Au-delà et nous allons ressentir de l'abandon, de la solitude.

Cette période de confinement nous invite à nous recentrer sur nous-mêmes en laissant de côté les apparences, pour nous plonger dans notre être profond.

Combien de temps cette épidémie va-t-elle durer ? Les Anges m'ont révélé que ce sont nos peurs qui créent et entretiennent les maladies. C'est à nous qu'il revient de dire : STOP ! En remplaçant cette énergie de peur par celle de l'Amour. N'hésitons pas à confier nos angoisses et nos peurs, nos peines à l'Au-delà.

Mes Anges ont poursuivi :

Malgré le confinement, vous pouvez faire des choses très positives comme apprendre à chanter, écrire, lire, peindre... Cette période est propice à la création. Par contre, si vous passez votre temps devant les mauvaises nouvelles, votre taux vibratoire va baisser. Vous vous en sortirez si vous faites alliance les uns avec les autres.

C'est uniquement par l'Amour que vous vous en sortirez. Quand vous chantez à votre fenêtre ou d'un balcon en direction d'un autre, vous créez une énergie d'Amour. Quand vous encouragez les soignants par vos applaudissements, vous créez encore une énergie d'Amour.

Et c'est en agissant ainsi que vous allez réapprendre à vivre « la vraie vie ». C'est ce que nous attendons de vous.

Ne pleurez pas un monde qui est en train de changer parce que vous avez toutes les capacités pour en construire un meilleur.

Vous pouvez continuer à être connectés les uns aux autres, à vos voisins par exemple.

Effectivement, grâce au confinement, j'ai pu réaliser l'un de mes souhaits les plus chers : celui de correspondre avec Patricia Darré. Sachant que toutes ses conférences seraient annulées à cause du Covid, elle a proposé de mettre en place des visioconférences pour soutenir les personnes en détresse.

J'ai osé lui écrire, non parce que j'étais en détresse, mais pour lui proposer des visioconférences avec la Nouvelle-Calédonie. Elle m'a répondu favorablement avec beaucoup de bienveillance. Ainsi s'est-elle rendue disponible pour nous rencontrer chaque semaine. Elle m'a permis d'organiser sept visioconférences avec une centaine de participants.

Patricia a fait preuve d'une très grande générosité en ne comptant pas son temps. Nous avons vécu de très bons moments de partage et une belle chaîne de solidarité s'est créée entre nous. Les personnes en détresse ont pu faire la connaissance de thérapeutes qui les ont aidées par la suite alors qu'ils vivaient éloignés les uns des autres, à des milliers de kilomètres.

Finalement, rien ne peut arrêter l'Amour Universel...

2 — L'extension du Jeu-vie

De nombreux lecteurs m'ont posé des questions sur le *Jeu-vie*. J'y ai répondu comme je le pouvais jusqu'à ce que mes Anges décident de m'enseigner ce qu'ils ont appelé *l'extension du Jeu-vie*.

Effectivement, dans *L'Infini Espoir*, les Anges m'en avaient dicté les règles. Votre incarnation sur Terre n'est pas le fruit du hasard, vous l'avez décidée et vous êtes accompagnés dans votre vie Terrestre d'un ou plusieurs Anges Gardiens avec lesquels vous faites équipe.

Je vous livre le complément d'informations tel que je l'ai canalisé lorsque mon Ange s'est adressé à moi par télépathie. J'ai fermé les yeux et j'ai enregistré tout son enseignement, que je vous retranscris ici en *italique*.

« vous venez vous incarner sur Terre pour explorer la dimension humaine. Vous décidez de vous incarner successivement dans différentes vies pour aider l'humanité à avancer, à progresser et à créer. Chaque humain vient vivre **une expérience individuelle et collective** *Vous êtes venus transcender la matière. Les plus grandes difficultés dans la matière sont la possession et le partage. Tous les occupants de la planète Terre ont un point commun qui est l'instinct de survie. Cet instinct de survie fait naitre en eux un grand besoin de possession, de domination, et d'expansion continuelle de territoire.*

Chaque Humain est venu jouer une partie de Jeu-Vie. En vous incarnant sur Terre, vous avez choisi de vivre une expérience humaine.

Au niveau individuel
Le but de cette expérience est de vous dépasser pour devenir meilleur, pour apprendre le don de soi, pour relier et se relier les uns aux autres, aux grandes chaînes humaines.

Avant votre incarnation sur Terre, vous avez choisi des **cartes Expériences.** *Ces* **cartes Expériences** *représentent des événements marquants qui interviendront dans votre vie et elles seront accompagnées de* **Leçons à apprendre.**

Voici une liste non exhaustive **des cartes Expériences** *: rencontre, mariage, décès, naissance, handicap, succès, maladie, perte d'emploi, séparation, divorce, voyage, accident, etc.*

Les Leçons à apprendre *sont différentes des* **cartes Expériences***, elles sont liées aux valeurs humaines que vous aurez choisies d'expérimenter. En voici une liste non exhaustive : l'altruisme, le don de soi, le partage, le courage, la fierté, la loyauté, la bravoure, la compassion, la créativité, la détermination, l'empathie, la fidélité, la générosité, la gentillesse, l'harmonie, l'hospitalité, l'ingéniosité, la paix, la patience, la sagesse...*

Votre Jeu-Vie prendra fin quand toutes vos **cartes Expériences** *seront apparues dans votre vie. La dernière de vos* **cartes Expériences***, et qui est commune à chacun, est la sortie de votre Jeu-Vie.*

Chaque partie de Jeu-vie vous fera donc rencontrer des **Leçons à apprendre** *associées à des* **défis***. Souvenez-vous que vous retiendrez toujours mieux les évènements et leçons surmontés dans l'adversité. Voici la liste non exhaustive des* **défis** *qui se présenteront lors de vos* **Leçons à apprendre** *: l'égoïsme, la peur, le manque d'ouverture d'esprit, la faim, le manque de visibilité, la peur de mourir, la peur d'échouer, la peur de passer à côté d'une opportunité, la peur de manquer, de se tromper, la peur du regard des autres, la peur du jugement, la jalousie, l'orgueil...*

Vous retrouverez notamment la leçon particulière de l'adversité dans le sport ou dans les jeux de société. Plus les règles du jeu seront difficiles, plus la victoire sera grande et méritante. Sans difficulté à se dépasser, est-ce que le jeu en vaudrait la chandelle ? Comme dans une partie d'échecs, chaque pion a sa propre place et ses propres pouvoirs d'action. C'est la difficulté qui donne l'envie aux joueurs de jouer. Ces règles sont communes à toutes les parties de Jeu-Vie.

En arrivant sur Terre, vous ne vous rappellerez plus quelles sont les **cartes Expériences** *que vous avez choisies de vivre, ni les leçons à en tirer. Par contre votre Ange ou vos Anges ne les auront pas oubliées. Ces oublis sont volontaires et font partie de la règle du jeu, cela dans le but d'enrichir vos propres prospections. Auriez-vous envie de jouer à un jeu si vous connaissiez par avance les résultats, la finalité de ce jeu ? Auriez-vous envie de jouer à un jeu si vous saviez d'avance qu'aucune possibilité ne s'offre à vous ? Si vous saviez que tout est écrit ?*

Lorsque les **cartes Expériences** *et* **Leçons à apprendre** *interviendront dans votre Jeu-Vie, c'est alors votre libre arbitre et votre pouvoir de création qui décideront des orientations à prendre, et de vos choix. »*

(En canalisant ces messages, je comprends que, si nous n'avons pas eu le temps d'assimiler toutes les leçons que nous avions à retirer de notre Jeu-Vie, nous aurons la possibilité de recommencer une partie lors d'une nouvelle incarnation dans une autre vie.)

« *Vous arrivez sur Terre avec une personnalité qui est propre à chacun d'entre vous. Il est évident que votre comportement face à une* **carte Expérience** *ou une* **Leçon à apprendre** *sera influencé par votre personnalité et vos traits de caractère. Selon les situations, votre personnalité vous aidera ou non à gérer plus facilement vos* **cartes Expériences** *ou vos* **Leçons à apprendre**.

Par exemple si vous êtes venus sur Terre pour apprendre la générosité, il y a de grandes probabilités que vous naissiez avec un caractère d'économe et vous rencontrerez sur votre chemin beaucoup de **défis** *sous forme d'exercices pour développer votre générosité. Une fois la leçon apprise, vous ne rencontrerez plus de* **défis** *sur ce sujet.*

Autre exemple : si la loyauté fait partie de l'une de vos **Leçons à apprendre**, *vous serez amenés à rencontrer des* **défis** *qui vous pousseront à tromper votre entourage. Par exemple, si vous étiez trahis par un membre de votre famille, par un ami ou un collègue de travail, comment réagiriez-vous ? En trahissant à votre tour, ou en restant quelqu'un de loyal et d'intègre ? Inversement, vous serez mis à l'épreuve quand vous ferez face à des situations où ce sera vous qui aurez le choix de tromper ou non votre prochain. Ce genre de défi sera régulièrement lié à la notion d'argent. Bien souvent, les humains trahissent leur entourage pour une question d'argent ou de pouvoir. Effectivement, combien de familles que l'on pensait soudées explosent pour des motifs d'héritage lorsque l'un des parents vient à décéder ?* »

Tout en écrivant ce que je percevais, je demandai à mes Anges si notre date de décès pouvait être avancée en cas de réussite de l'ensemble de nos **Leçons à apprendre**.

« Tous les enseignements ne sont jamais complètement acquis, mais, effectivement, plus la liste de réussites est importante, plus cela signifie que vous avez évolué. Et, à ce moment, vous pouvez consacrer le reste de votre temps à devenir une source d'inspiration pour les autres. Il n'y a pas de date de péremption pour aimer et donner. Car, au-delà de vos **cartes Expériences** *ou de vos* **Leçons à apprendre**, *vous êtes venus découvrir comment aimer la vie et votre prochain.*

L'Amour Universel est comme le sang qui coule dans vos veines pour alimenter, oxygéner et défendre chacun de vos organes. Plus votre être est inondé d'Amour Universel, plus vous prenez soin de vous. Vos organes sont la structure même de votre âme. Ils sont les points stratégiques qui vous maintiennent en équilibre. Si l'un de vos organes est touché, vous êtes déséquilibré.

Les expériences que vous réussissez à mener à bien ont pour effet de renforcer vos organes. Dans le cas contraire, cela les fragilise.

Au niveau collectif

Votre présence sur Terre va bien au-delà de votre partie de Jeu-Vie. En effet, vous avez un rôle déterminant à jouer au niveau planétaire.

Désormais, vous savez que Nous avons besoin de votre Lumière pour la redistribuer aux humains qui souffrent. Du fait de vos manques de conscience, la planète est en train de s'éteindre.

Mais votre Lumière a un autre rôle déterminant à jouer. Elle envoie des vibrations qui vont s'élever dans l'Au-delà en créant un Dessin Géométrique. Ce dessin traverse le cosmos. Plus précisément Il constitue l'une des pièces de la Grande Horloge de l'Univers.

Si une seule pièce est défectueuse, la Grande Horloge de l'Univers ne peut plus tourner correctement. Tous les éléments se trouvant dans l'Univers, tels que les planètes, les étoiles, les galaxies, représentent chacun une pièce unique de cette horloge et ont un rôle à jouer. Aucune des pièces n'est plus importante qu'une autre. Car si l'une d'elles, même la plus petite, est défectueuse, c'est tout le mécanisme de l'Univers qui s'arrête.

À chacune de vos incarnations humaines, vous participez en faisant évoluer le Dessin Géométrique de la Terre dont l'Univers a besoin. Vous êtes continuellement en mouvement et en création.

Vous faites partie d'un tout.

La Lumière créée par chaque humain apporte sa pierre à l'édifice.

<u>*Vous êtes les créateurs de votre propre Lumière et de celle de l'Univers.*</u>

Avant toute chose, gardez en mémoire que l'Amour est le vecteur le plus puissant de Lumière.

Chaque humain possède un fil qui part du dessus de sa tête et qui s'élance dans l'Univers.

Ce sont nos émotions qui ont le pouvoir d'illuminer ou non ce fil. Seules les émotions positives colorent votre fil d'une teinte plus ou moins éclatante selon l'intensité de l'émotion ressentie. Ce sont les couleurs de l'arc-en-ciel qui sont envoyées dans l'Au-delà. Les émotions négatives ne créent pas de Lumière, et laissent votre fil invisible. »

Je précise qu'Ils ne m'ont pas dit à quelles couleurs de l'arc-en-ciel correspondaient telle ou telle émotion.

Par contre, pour que je comprenne bien, j'ai reçu la vision de la planète Terre, lorsqu'elle est plongée dans la nuit et que nous observons les lumières des grandes villes.

Ils m'ont montré que nos émotions positives créent le même effet, visible de l'Au-delà. Plus nous sommes nombreux à éprouver ces émotions, plus nos fils côte à côte créent une immense masse de Lumière qui s'élève dans l'Au-delà.

« Bien sûr, pour vos yeux d'humains ce fil est invisible, mais vous avez la capacité de capter les énergies des personnes autour de vous. En prêtant un minimum d'attention à vos sens, vous avez la capacité de ressentir si la personne qui se situe à côté de vous dégage des ondes positives ou négatives. Ce qui explique que vous pouvez vous sentir bien en présence de certaines personnes ou au contraire vous sentir angoissés, mal à l'aise au contact d'autres personnes.

Le Dessin Géométrique de la Terre n'existe que par votre Lumière. Sans Lumière, pas de dessin.

Inutile de culpabiliser : même si vous éprouvez très souvent des émotions négatives, il est très rare que vous n'éprouviez jamais d'émotions positives.

Vous êtes en permanence traversés par des émotions fondamentales comme la joie, le bonheur, la paix, la tristesse, la peur, la colère. C'est ce que vous êtes amenés chaque jour à vivre dans votre quotidien qui conditionne la positivité ou la négativité de vos émotions. Votre responsabilité sera de déterminer et de gérer le comportement que vous souhaiterez adopter en fonction des situations.

Depuis que j'ai compris cet enseignement, je me pose au quotidien la question de savoir quelle attitude adopter face à tel ou tel événement pour pouvoir créer et envoyer dans l'Univers la plus belle des Lumières possibles.

La cohésion et l'unité des Humains sont primordiales, car chacune de nos Lumières représente une infime partie du Dessin Géométrique de la Terre. Chaque rassemblement humain uni dans la même énergie met en commun ses fils de Lumière et crée une plus grande intensité.

Ainsi, sans nous en rendre compte, nos chaines d'Amour participent au Dessin Géométrique de la Terre perçu par les autres galaxies.

Nous naissons pour rayonner dans l'Univers en y apportant le meilleur de nous-mêmes. Car en apportant le meilleur de nous-mêmes, cela crée en nous, un sentiment d'appartenance à une communauté, de la fierté, de la joie, de la gratitude et ainsi nos émotions sont positives et créent une Lumière colorée. Avez-vous déjà remarqué le sentiment de paix qui nous habite lorsque nous avons effectué une bonne action autour de nous ? Nous retirons plus de bénéfices à donner qu'à recevoir.

Chacun de nos passages sur Terre laisse une empreinte énergétique et lumineuse. Tous les Dessins Géométriques de la Terre que nous créons au fil des millénaires se superposent les uns aux autres.

Même si nous n'avons pas la capacité de voir ces dessins, nous avons la capacité d'observer l'intervention divine dans les formes géométriques existant sur la Terre, dans la nature, dans la musique, chez les animaux et même chez les humains. Elles correspondent au nombre d'Or ou aux chiffres sacrés évoqués dans de nombreuses civilisations.

Nous pouvons retrouver ces dessins dans les plantes, les coquillages, les flocons de neige... Quelles merveilles !

Je vous invite à faire des recherches sur internet sur la suite de Fibonacci et sur le nombre d'or, c'est passionnant.

Je vous ai raconté dans *l'Infini Espoir,* l'histoire de Sandra, ma meilleure amie, qui n'arrivait pas à tomber enceinte à la suite d'un avortement subi très jeune. En octobre 2020, Sandra découvrit une boule dans son sein droit. Elle prit rendez-vous pour une mammographie et une échographie.

Ces examens révélèrent la présence d'une tumeur qui, après biopsie, s'avéra cancéreuse. Quelle nouvelle épouvantable !

En une fraction de seconde, le mot « cancer » prononcé par des médecins crée un véritable cataclysme, que ce soit pour la personne diagnostiquée malade ou pour son entourage.

Lorsque Sandra m'appela en sortant de chez son gynécologue, je ne voulus pas croire ce qu'elle m'annonçait. Il s'agissait forcément d'une erreur. Passé ce moment de stupeur, il fallut nous ressaisir et les visites chez les différents médecins s'enchaînèrent : anesthésiste pour l'opération de la tumeur, oncologue, radiologue pour le scanner... Au fil de la transmission de toutes les informations, je finis par perdre pied.

Mon égoïsme d'humaine avait pris le dessus : qu'allais-je faire si Sandra venait à décéder ? Qu'allais-je devenir ? À qui allais-je pouvoir confier chaque jour tous les petits tracas insignifiants de ma vie quotidienne ? Il fallait que je trouve le sens, car il y avait forcément un sens. Pourquoi cette *carte Expérience* arrivait-elle maintenant ? Mon mental avait besoin de rationaliser, j'avais besoin de comprendre.

En effet si j'étais parvenue jusque-là à exercer la mission que mes Anges m'avaient confiée, c'était parce que tout se déroulait facilement dans ma vie. Tout était équilibré : ma famille, mes amis, mon activité professionnelle avec mon mari. Mais dès lors que je rencontrais un quelconque déséquilibre, je n'arrivais plus me connecter et à passer les messages de l'Au-delà. Pourquoi donc me fragiliser maintenant alors que mes Anges me donnaient tant de missions à accomplir ?

Toutes ces questions tournaient en boucle dans ma tête, et j'éprouvais des sentiments de panique et de peur. Mais aucune réponse ne venait m'apaiser (je devais créer un fichu brouillard !) Cependant, il me fallait passer maintenant à l'action si je voulais accompagner au mieux Sandra.

Je me suis posé la question de savoir quel allait être mon comportement vis-à-vis d'elle alors que j'avais une peur si effroyable des hôpitaux. Mais quelle meilleure amie allais-je décider d'être ? Qui étais-je donc à ce moment précis ? Une meilleure amie qui n'assumait pas le cancer de sa jumelle de cœur ? Ou bien au contraire j'allais incarner la meilleure amie, celle qui me rendrait fière de moi-même ? C'est cette option que je choisis. Et c'est ainsi que je pris sur moi en accompagnant Sandra à ses séances de chimiothérapie à l'hôpital. Je réussis à dépasser mes angoisses et mes peurs. Et puis un jour, alors que je demandais de l'aide aux Anges pour m'aider à accepter cette situation et aider Sandra à s'en sortir, ils me répondirent :

— *Le cancer de Sandra fait partie de son contrat d'âme. Si elle réussit, elle aura gagné sa carte Expérience et sinon, elle aura le choix de la réitérer dans une autre vie. Rien de ce qui vous arrive n'est grave.*

Ce message m'apaisa immédiatement et la culpabilité que j'éprouvais à ne pas trouver de solution pour aider Sandra à guérir s'évapora. Sa guérison ne relevait pas de ma responsabilité.

La formule *« rien de ce qui vous arrive n'est grave »* s'imprégna en moi. Et un sentiment de légèreté et de sérénité m'envahit et fit disparaitre mon angoisse. Depuis, chacune des séances de chimiothérapie de Sandra se déroule dans la joie et la bonne humeur. À ce jour, je ne sais pas ce qui est prévu dans son contrat d'âme. Mais je choisis de faire confiance. Elle se comporte en vraie guerrière et je suis très fière de l'accompagner et de pouvoir être à ses côtés. Nos nombreux fous rires viennent s'ajouter à notre longue liste de souvenirs.

Je ne dis pas que ce fut simple tous les jours, notamment le 25 décembre, tandis que je préparais ma maison pour la recevoir à déjeuner avec sa famille. Elle m'appela le matin en larmes pour me dire que tous ses cheveux étaient tombés. Eh oui, trois semaines venaient de s'écouler entre le jour de l'annonce de sa maladie et la première séance de chimiothérapie.

Je lui répondis que cela n'avait aucune importance et que l'on s'en fichait qu'elle ait ou non des cheveux, et je raccrochai. Je me remis à ranger ma cuisine. Cependant je dois vous avouer que j'ai paniqué, et je me suis mise à pleurer. Comment allais-je réagir en la voyant arriver le crâne rasé ? Comment arriver à prendre suffisamment sur moi pour ne pas la mettre mal à l'aise ? Est-ce que j'arriverais à ne pas pleurer ?

Alors j'ai prié, j'ai demandé de l'aide à tous mes gentils Anges du Ciel et de la Terre ainsi qu'à ma maman. Aussitôt maman est venue et m'a dit : « mets de la musique, celle que l'on écoutait lorsqu'on faisait la fête. Prépare une jolie table avec le service que toutes les personnes qui t'aiment, qu'elles soient décédées ou non, t'avaient offert lors de ton premier mariage, ainsi l'énergie des deux Mondes circulera. Et célébrez ce Noël que vous avez la chance de passer tous ensemble ».

Je fis ce qu'elle me dit et lorsque Sandra arriva, je ressentis une force et une joie incroyables au fond de moi. Nous passâmes un heureux Noël.

Je souhaite terminer en citant un passage du livre de Nicole Dron *Dis Mamie, comment on vit quand on est mouru* ?

J'ai eu la chance de pouvoir rencontrer virtuellement cette dame grâce à Roger Pernel[5] qui est magnétiseur coupeur de feu et thérapeute en soins énergétiques, et à la générosité de Patricia Darré qui l'avait invitée à témoigner de son expérience de mort imminente lors d'une visioconférence que j'avais organisée.

Depuis, j'ai eu le privilège de pouvoir correspondre par courriels avec elle. Très bienveillante, elle m'a offert ses deux ouvrages qui m'ont apporté, soit des compléments d'enseignements, soit des confirmations de ce que l'Au-delà m'avait déjà transmis. Je vous en recommande vivement la lecture.

Dans ce passage, Nicole DRON évoque ce qu'elle a ressenti lors de son expérience de mort imminente :

"Un être que je n'oublierai jamais m'a posé ces deux questions si simples, mais si exigeantes à la fois :
« Comment as-tu aimé et qu'as-tu fait pour les autres ? »

En sa présence, toute ma vie s'est déployée, avec ses beautés bien sûr, mais aussi ses faiblesses et ses manques. Toute ma vie était évaluée par rapport à ce qu'elle aurait dû être si j'avais toujours agi avec amour et sagesse. Ce n'était pas un jugement impitoyable, mais une prise de conscience de ce qui m'éloignait de l'amour.

Des révélations sur la nature de "Dieu" (on me disait qu'Il était la Force, le Mouvement et la Vie), sur le fait que

---

[5] http://www.rogerpernel.com/

nous ne sommes pas seuls dans l'Univers, sur le passé et le futur de ma vie et celle de l'humanité m'ont été accordées. J'ai vu que j'avais déjà vécu sur Terre. Il m'a été signalé que nous étions à la croisée des chemins, que l'humanité disposait d'une technologie avancée, mais si peu de conscience, si peu de sagesse et d'amour ! Et l'on me montrait tout ce qui risquait d'arriver si l'on ne changeait pas. J'insiste sur le "SI", car il est déterminant et représente notre part de liberté. J'ai senti l'extrême urgence d'une grande transformation individuelle et planétaire de l'humanité et la nécessité d'instaurer la paix et la fraternité en nous et autour de nous pour que celle-ci puisse tout simplement continuer à exister."[6]

---

[6] Nicole DRON, *45 secondes d'éternité* et *Dis Mamie, comment on vit quand on est mouru ?* Ouvrages qui seront à nouveau édités courant de l'année 2022.

Conclusion

Profitons de chaque moment, ne remettons pas au lendemain les moments heureux que nous pourrions créer avec les personnes que nous aimons. Apprenons à communiquer, à nous parler, à exprimer nos ressentis avant qu'il ne soit trop tard et que les regrets empoisonnent le reste de nos vies.

Les défunts qui m'ont accompagnée ont tenu leur promesse, car, tout au long de l'écriture, ils m'ont transmis leur énergie de force, de courage et d'Amour.

Je mesure la chance considérable d'avoir été choisie par eux comme médium et je les remercie chacun en particulier du fond du cœur de m'avoir fait confiance en me laissant le soin de raconter leurs histoires si riches d'enseignements…
Nos liens sont indissolubles et éternels et je sais qu'ils me font l'immense bienveillance de veiller sur ma famille et moi-même. J'aurai grand plaisir à les retrouver à la fin de ma partie de Jeu-Vie.

Mes chers lecteurs, j'ai ressenti beaucoup de bonheur à vous faire partager mes expériences et les enseignements que j'ai pu acquérir au fil du temps.

Même si je ne suis pas en mesure de répondre individuellement aux attentes de chacun, je souhaite que vous trouviez les réponses que vous cherchez dans mes ouvrages.

Ma mission, même si elle est parfois difficile, car contraignante et émotionnellement exigeante, me rend heureuse. Tout cet Amour issu de l'Au-delà, cette positivité, ce réconfort que je ressens, me traversent et illuminent tout mon être.

J'aime ma vie et je vous remercie d'en faire partie. Votre confiance, votre soutien au travers de tous les petits mots que je reçois, me touchent et m'encouragent à poursuivre ma mission. Vous m'aidez à avancer le long de mon chemin.

J'ai énormément de chance de vous avoir dans ma vie. Nous avons réussi à créer un véritable partage et un lien fraternel. Je suis remplie de gratitude envers vous : Merci profondément.

Sachez que je crois et ai confiance en chacun de vous. Maintenant que vous connaissez l'impact de nos pensées, de nos émotions, c'est à vous de jouer : quelles couleurs décidez-vous de créer et d'envoyer dans l'Univers ?

Les Anges aussi souhaitent vous transmettre un dernier message :

« *Tout n'est qu'Énergie et vibration. Le reste n'a aucune importance. Vous êtes sur Terre pour créer de la Lumière et de l'Énergie. Tout ce qui arrive n'a aucune importance. Vous êtes des graines, et votre mission est de pousser et de vous épanouir, que votre Terre soit aride ou non.* »

Remerciements

Je souhaite remercier du fond du cœur mes amies pour votre énergie d'Amour et vos connaissances que vous m'avez offertes pour la relecture et mise en page de mon manuscrit :

Brigitte Chabarot Ventura, qui a été ma principale correctrice et complice, Jessica Triquenot, Maïa Alonso, Isabelle Pantz et Méryle Guiseppi. Sans vous *L'Infini Amour* ne serait pas publié aussi rapidement.

Merci à Christophe, mon mari, de me seconder pour que je puisse accomplir ma mission. Nous formons un formidable duo.

Merci à mes enfants pour votre confiance, votre patience, votre aide, et vos encouragements.

Merci à mon papa Vito de croire en moi et de me soutenir, comme tu le peux. Ton intention de me faire connaitre en inscrivant mon nom et le titre de mon premier livre sur des papiers pour les distribuer dans les boites aux lettres me touche beaucoup…

Merci à ma Marie-Michelle Kélétaona d'Amour, ma fée du logis sur qui je peux compter et m'appuyer en toute confiance.

J'aimerais également remercier toutes les personnes qui m'ont fait confiance et qui m'ont permis d'écrire leur histoire ou celle de leur enfant :

Anaïs, Anna, Benoit, Floralie, Gigi, Jessica, Juliette, Lucile, Michel, Patricia, Priska, Sophie, Valérie et Vanessa.

Merci à Philippe Eugénie de *Passion photo NC* pour la couverture de *L'Infini Amour*.

Merci à toutes les personnes qui ont cru en moi, bien avant que je ne sois connue et qui m'apportent aujourd'hui encore tout leur soutien et leur aide : Marie-Laure Bayard-Rakic, Franck Carbonnelle, Danielle Caquais, Sandra Castro, Jessy Deroche, Jean-Pierre Dang, Cindy Jaquemet, Betty Levanque, Katy Levanque Ribault, Christophe Liaret, Laure Masson, Nicolas Pellissier, Roger Pernel, Sandra Picot, Agnès Stocky et Elisheva Waysberg.

Vous êtes dans mon cœur…

Facebook : L'infini espoir

Site web : https://linfiniespoir.com/livre-infini-espoir32433910

Table des matières

Avant-propos 7
Introduction.. 11
Qui suis-je ? 15
L'Amour de nos Parents 73
L'Amour de nos Enfants.............................. 123
Les Amours d'une Vie 167
L'Amour, vecteur le plus puissant
de Lumière.. 187
Conclusion.. 213
Remerciements 217

Made in the USA
Columbia, SC
11 February 2024